JN065882

Ryo Kitamura

北村 凌

中学校

生徒とつながる

学級経営
のはじめ方

connect with students

Class management

connect with students
Class management

東洋館出版社

はじめに

　「北村先生のクラスの雰囲気は独特。キタムーランドができあがっている」

　同僚の先生にこう言われたことがあります。どういうことかと詳しく聞くと、「一人ひとりが自分らしさを出せている」と答えてくれました。私が担任するクラスを他の先生が見たときに、「個性的である」と感じる先生がどうも多いみたいです。なぜ、そう感じられるのでしょうか。そこには、私の学級経営に対する考え方が大きく影響しているのだと思います。

　私はずっと学級経営において集団に目が向けられ過ぎているのではないかと思っていました。集団としてまとまることが重視され過ぎているように感じるのです。学級という集団にいかに生徒を適応させていくかが学級経営であると思っている（思っていなくてもそうなっている）ことが多いように思います。そのような状態では、特徴的な子は変わった子としてはみ出し者扱いされたり、本来認められるべき生徒の特徴が消されてしまったりしてしまいます。

　それに対して、もっと生徒一人ひとりに目を向けることが大切なのではないかというのが私の考えです。学級はあくまでも生徒一人ひとりのためにあるものだと思うからです。私にとって学級とは、生徒それぞれが自分らしさを発揮できる場所であり、互いから学び、成長するための場所です。だから、学級経営とは、生徒を認め、大切にしていくことでその生徒らしさを出せるようにしていくこと、そして、それぞれの「らしさ」を大切にした集団をつくっていくことであると考えています。

　とはいえ、集団としてまとまっていなくてもよいと言っているわけではありません。まとまりのよい集団であれば安心して過ごすことができ、スムーズに活動に取り組むことができるでしょう。集団の在り方がその集団に所属する一人ひとりに大きな影響をもつこともまた事実です。しかし、全体としてまとまっていても、一人ひとりが大切にされていなければ意味がありません。自分が認められている、大切にされていると感じられていない人が、他者を認め、大切にすることはできないからです。この状態では集団にまとまりがあったとしてもつながりは

ありません。

　自分が認められ、大切にされていると感じられるからこそ他者を認め、大切にすることができるようになるのです。一人ひとりが満たされていくことで、互いに認め合える集団としてまとまり、つながりが生まれてくる。そして集団がまとまったおかげでさらに一人ひとりが満たされていく。これが理想だと私は考えます。

　以上のことを踏まえ、本書で伝えたいことは、「もっと一人ひとりが満たされるための学級経営をしていきましょう」です。

　そのためには、まずは教師が積極的に生徒と関わりをもち、生徒を満たしていくことが求められます。とはいえ、中学校の担任は、朝からずっと生徒のそばにいるわけではありません。忙しい現場では、なかなか生徒と関わる時間を確保することも難しいです。したがって、限られた時間の中で、教師から関わっていく技術をたくさんもつことが必要です。そこで、第二章において、生徒との関わりを増やす技術を紹介します。

　また、関わる回数だけではなく、どのように関わっていくのかも当然大切です。第三章では、一人ひとりを満たしていくためにはどのように個人に関わっていくかについてまとめました。そして、先述したように集団の在り方が一人ひとりに影響を与えることを加味し、第四章では、一人ひとりを満たしていくためには、どのように集団に関わっていくかについてまとめました。

　さらに、ここまで学級経営の考え方のちがいを述べてきたことからもわかるように、どのように行動するかの根本には見方や考え方が存在します。生徒の見方を誤れば、関わり方を間違ってしまうこともあります。特に、中学生に対しては発達段階を加味した見方をもち、適切な関わりをもつことが求められます。そこで、第一章では生徒の適切な見方についてまとめました。

　本書を参考にして、先生方の目の前の生徒一人ひとりが「自分は認められている」「先生は自分のことを見てくれている・わかってくれている」と満たされることを願います。そして、一人ひとりが自分らしさを出し、認め合い、学び合える学級になっていくことを願います。

北村　凌

目 次

第三章　一人ひとりを満たすための
個へのアプローチ………59

第 四 章 一人ひとりを満たすための
集団へのアプローチ……95

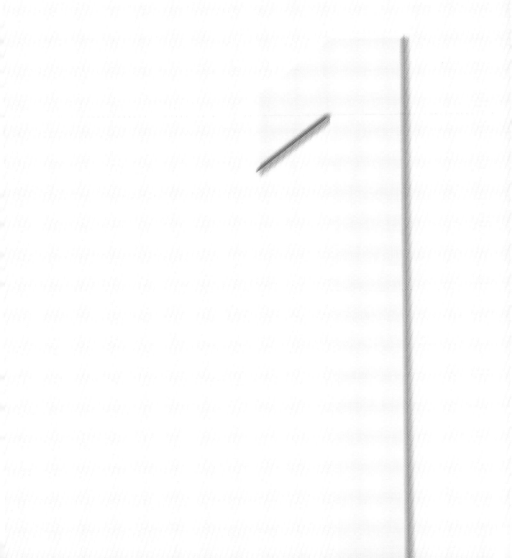

第 一 章

生徒の見方

○○な部分もあれば、△△の部分もある

　人にはいくつかの顔があります。たとえば、家族の前での顔、学校で見せる顔、趣味に没頭しているときの顔などです。また、学校で見せる顔をさらに細かく考えると、担任としての顔、教科担任としての顔、部活動顧問としての顔、同僚としての顔など、様々な顔があります。どの顔もまったくちがうわけではありませんが、もちろんまったく同じというわけでもありません。

　それらは意識して変えていることもあれば、無意識のうちに変わっていることもあります。教師である私でさえ、相手にする人や場によって見せる顔が変わるのです。生徒にも同じことが言えるでしょう。

　生徒が担任の前で見せる姿と教科担任の前で見せる姿はちがう可能性があります。授業で見せる姿と部活動で見せる姿が変わることは、部活動の顧問を担当されたほとんどの先生が感じることではないでしょうか。同じ授業であっても、国語と数学では見せる姿がちがうかもしれません。

　つまり、

生徒の姿を多面的にとらえる必要がある

ということです。

　かく言う私も、自分の目の前の生徒の姿だけを見て判断してしまった経験があります。頼りがいのある生徒だと判断して頼みごとをしたところ、クラスメイトの前では「やらされている」と言っていたことが後からわかってきました。そのときの私はそれを受け入れられず、むしろそれを教えてくれた生徒を疑うくらいでしたが、先生の前とクラスメイトの前では見せる姿がちがったのでした。

　しかし、だからと言ってどちらかの姿が偽りの姿というわけではありません。先生の前で見せる姿もクラスメイトの前で見せる姿も、どちらもその子の姿です。

　生徒はいろんな姿をもっています。それなのに「数学はがんばっているなんて理解できない」「部活動は一生懸命なんて信じられない」と自分の目の前の姿しか受け入れない方もいます。これはもったいないことです。否定的な面しか見え

ていなければ、必然的に生徒を否定的にしか見られなくなってしまいます。むしろ、「なぜ数学はがんばれているのだろう」と考えることに、よい関係づくりの糸口が隠れているはずです。

　教師がそうであるように生徒にもいくつかの顔があります。「○○な部分もあれば、△△な部分もある子」のように生徒を多面的にとらえていくことは、その子に応じた関わり方を考えること、よい関係をつくっていくことに役立つでしょう。

　さらに、見せる顔が変わるのは、相手にする人や場の影響だけではありません。その日の体調や天候や時期などによっても変わります。睡眠不足のときや疲れがたまっているときにイライラしてしまい、小さなことでつい生徒に厳しく注意してしまった経験をおもちの先生方も多いと思います。つまり、生徒がいつもとちがう様子を見せたとき、生徒の体調や生活環境といった背景に何か原因があるのではないかと考えることも大切です。このような見方をもっていれば我々教員側も「疲れがたまっているのかな」と生徒を優しく見られるようになるのではないでしょうか。

成長は「今」でなくてもいい

　他の先生のクラスで「やんちゃな生徒が最近落ち着いてきた」「不登校の生徒が学校に来るようになった」と聞けば、すごいなぁと思いませんか。

　周りの先生の関わりによって生徒が成長し、変わっていく姿を見ては「自分もクラスのやんちゃを落ち着かせたい」「不登校の生徒を学校に来られるようにしたい」と一生懸命になるけれどうまくいかず、年度末に「自分は何もできなかった」と落ち込んでしまう。こんな経験があるのは私だけではないと思います。しかし、今の私は少しちがう見方をもつようになりました。それは、次のような体験をしたからです。

　中学3年生になってから私が担任をもつようになったT。中学1年生のころから学年全体が荒れており、中学3年生になるころには大半が落ち着いたものの、まだ荒れの雰囲気を残した集団の中にTはいました。

　私が担任になってからもなかなか教室に入って授業を受ける状態にはなりませんでした。毎日学校には来るものの、他のやんちゃ生徒と一緒に別室で過ごすことがほとんどでした。受験が近づくにつれ、教室で学習する時間が多少は伸び、なんとか高校受験は合格。高校という次のステージにつなげてやることだけはできましたが、自信をもって成長をさせたとは決して言えない状態でした。

　その後、いつものように「もっとできることがあったのではないか」と私が反省していたときのことです。Tと母親が学校にやってきました。ありがたいことに1年間の感謝を伝えに来てくれたのです。それからもTとは時々連絡をとっており、先日も、無事に進級したという報告をもらいました。中学校に通っている間に目に見えた変化は表れませんでしたが、高校で一生懸命がんばっているようであり、大変嬉しく感じています。

　もちろん私の力不足は否めません。もっと力のある先生であれば、中学校に通っている段階でTをもっと成長させることができたにちがいありません。しかし、様々な方法でコミュニケーションをとり、語りかけ、進路や将来について話し合ったことは決して無駄ではなかったのだと感じることができました。

　そして、この経験から私は、

未来視点で見ることが大切だ

と学びました。

　すぐに目に見える変化として成長が表れなかったとしても、自分の手を離れてから表れることがあります。だから、目の前の生徒のために力を尽くした結果、それで生徒が変わらなかったとしても、無駄だと思う必要はないのだと気づきました。このことから不登校に対する考え方も変わりました。大事なのは「今」だけではありません。「未来」も大切です。だから、誤解を恐れずに言えば、私たちが目指すべきは、中学校に通わせることではないはずです。もちろん、登校できるように働きかけること、中学校生活を通して力をつけていくことは大切です。しかし、ここで言いたいのは、生徒の未来を見据えず、ただ中学校へ登校すること自体を目標にしてはいけないのではないか、ということです。社会に出て生きていくために「未来」を見据えて「今」に関わり、何ができるのかを考えることが大切なのではないでしょうか。

　「未来」という視点を意識して関われば、生徒を変えられないことに落ち込む必要もないし、本当に大切にすべきことが見えてくるのだと私は考えています。

ぐっとこらえて問いかける

　ある日の放課後、管理職の先生から呼ばれました。用件は、下校中にスマートフォンを触っている生徒が2人いると地域の方から電話があったということでした。その2人の生徒は着ていた体操服に書いてあった名前から、私が担任している学級の生徒だということがわかったようでした。その生徒は2人とも事情を許可されて校区外から通っている生徒でした。下校する直前に「電車の待ち時間が長い」と言っていたので、その間に持ってきていたスマートフォンを触ってしまったのだなと私は思いました。場所が近かったので、管理職の先生から指示を受け、現場を見に行きました。しかし、そのときにはすでに帰ってしまった後だったので、翌日に指導することになりました。

　翌日の放課後、2人の生徒を別室に呼びました。2人はすぐにスマートフォンを触っていたことを認めました。周りの先生方からは「厳しく指導してください」と言われていましたが、私にはそれほど悪いことでもないと思っていたので、「学校に黙って持ってきていることになるからよくないね」とだけ話をしました。

　その次の日、生徒に「昨日はスマートフォンのことを家で話しましたか」と確認をすると、「実はそのときお母さんが迎えに来てくれていたんです」と言いだしました。詳しく話を聞くと、1人の生徒の保護者が迎えに来てくれていたけれど、1人を残して帰るのが悪いと思い、電車が来るまでの時間に、保護者の方から渡してもらったスマートフォンを一緒に触っていたのだということがわかりました。

　このことから、

現象の裏を見ようとする

ことが大切だと言えるでしょう。

　事情を知ろうとせず、スマートフォンを触っていたことだけを取り上げて厳しく指導していなくて本当によかったです。厳しく指導をして「何も知らないくせに」と思われていたら、関係が壊れてしまっていたかもしれません。中学生は一

度関係が壊れてしまうと、関係修復に時間がかかります。一度目に事実を聞き取り切れなかったので私の対応は100点ではないですが、ギリギリセーフの対応だったかなと思っています。

　これは一つのほんの小さな例ですが、現象の裏にある背景や事情を見ようとせずに頭ごなしに叱ってしまうことはよくあるのではないかと思います。私も別の場面では、掃除から戻ってくるのが遅かった生徒に「遅いぞ」と言ってしまい、「他の場所も手伝っていたんです」と言われてしまいました。一言「何かあったの？」と聞けなかった自分がとても残念です。

　授業に集中できていない生徒に「集中できていないぞ。しっかりしなさい」と言うのと、「昨日は寝るのが遅くなったの？」と聞くのでは、生徒の感じ方はまったく異なるでしょう。「理解しようとしてくれる」と生徒が感じてくれれば、関係がよくなっていくかもしれません。現象の裏は見えなくて当たり前です。だから、注意が出そうになったときは一度ぐっとこらえ、一言問いかけるなど現象の裏を見ようとしてみてはどうでしょうか。

　ただし、いじめや命を脅かす行為など、背景や事情に関係なく厳しく指導するべきこともあることを最後に付け加えておきます。

人を動かすのは論理だけではない

「こんなことをして意味があるのですか」

「なぜ、こんなことをしなくてはいけないのですか」

　勉強や学級での活動のことで、先生方も似たようなことを聞かれたことがあると思います。小学生であれば、「大事だからだよ」と言えば納得してくれるかもしれません。というより、そもそも聞いてくる児童が少ないのではないでしょうか。でも、中学生にはこんなことを言ってくる生徒がたくさんいます。本当に面倒くさいです（笑）。

　でも、これは仕方ありません。今までの価値観を疑い、崩す時期である思春期に入ってきた成長の証だからです。むしろ、いつまでも「○○をやりましょう」と言われたことに従って行動し続けるのは怖いことです。中学生は「正しいことは正しい」では納得しなくなってくるのが普通であり、正しいから行動するわけでもなくなってきます。「正しい」ことが大事なのではなく、「やった方がいいな」と思えるかが大切になってくるのです。

　では、「やった方がいいな」と思わせるためにはどうすればよいのでしょうか。最もスタンダードな方法として、なぜやる意味があるのかを論理的に説明するという方法があるでしょう。これで理解してくれれば嬉しいものですが、私の経験上あまり通用したことはありません。「わかっているけどやりたくない」も中学生の特徴の一つです。そして、この方法一辺倒だとクラスがかたい状態になってしまいます。

　私は学級通信などで「〜だから○○した方がよい」「〜すべきだ」と書きすぎた結果、教室の後方にある黒板に「このクラスは実力至上主義の教室だ」と落書きされた経験があります。これを書いた生徒にとってきっと息苦しい空間になってしまっていたのでしょう。「わかっているけどやりたくない」「わかっているけどできない」生徒たちにとって、「論理」だけでは追い詰めてしまうことになりかねません。そこで、私は

感情という切り口

を大切にしています。

　一番影響力が大きいのは、楽しいかどうかだと思います。レクリエーションなどが生徒に受け入れられるのは楽しいからという理由がやはり大きいのではないでしょうか。やること自体を楽しいものにできれば、生徒も進んで取り組むでしょう。

　しかし、掃除や当番の活動も含め、すべてを楽しいものにすることは難しいことだと思います。そこで使いたいのが、教師の感情を伝えることです。掃除であれば「一生懸命掃除をしてくれてありがとう」「みんなで協力すると早く終わって嬉しいな」などの言葉かけが考えられます。「一生懸命やって早く掃除終わらせて朝のゆっくりする時間を増やした方がよくない？」（現任校は朝掃除です）と損得に訴えかける方法もあります。

　また反対に、「暑いからしんどいよな。でもここでがんばれたらかっこいいよね」など、生徒の感情を理解する姿勢を出すことも効果的です。こうすることで「この先生はわかってくれる」と思うようになってくれればこっちのものです。言葉の入りやすさが格段に変わります。

　論理だけではなく、時には感情という切り口を意識することで、生徒への関わり方の幅が広がり、関係もつくりやすくなると思います。

中学生の在り方はグラデーション

　私が学生のころに比べると新しく表に出てきた社会問題がたくさんあります。その中でも特に学校現場に大きな影響を与えているのが、「LGBTQ」だと感じています。制服の問題が取り上げられたり、私の以前の勤務校でもトイレの入り口が一緒になったりと、本当に少しずつですが変化が起こっています。

　私はこの「LGBTQ」のことについてまだまだ勉強をしているところですが、「LGBTQ」に関するある言葉を知って「なるほど」と感心させられたことがあります。その言葉とは「性の在り方はグラデーション」です。なぜ感心させられたかというと、「性の在り方はグラデーション」であるならば、私たちも見方を変える必要があると感じたからでした。

　私は「女子は人前で叱ってはいけない」と教えてもらったことがあります。しかし、性の在り方がグラデーションであるならば、男子であっても人前で叱ることを避けた方がよい生徒がいることになります。他にも、教育に関する書籍等で「男子はこうすべき」「女子指導の原則は○○」のような内容が多くありますが、それを鵜呑みにしてしまってはいけません。もちろん私も読みますし、参考にしますが、あくまでも「そのような傾向が強い」「それが当てはまる子が多い」ととらえるべきであり、「これに当てはまらない子もいるのでは？」と考えるべきでしょう。

　同じようなことがこの本の中で書いていることにも当てはまります。前のページで「人を動かすのは論理だけではない」と書きましたが、あくまでも中学生にはそのような傾向が強いということでしかなく、論理優位の中学生も当然存在します。発達段階や性差、学力の高低など、生徒の幅が最も広いのが中学校です。つまり、

中学生の在り方は百人百色

なのです。だから、生徒を十把一絡げに見てはいけません。

　「中学生は○○だ」「男子は○○だ」という見方は当てはまる場合が多かったとし

ても一つの見方でしかありません。たしかにそういった見方を知ることは生徒を見て理解していく一つのものさしになるでしょう。しかし、その見方だけで生徒をとらえてしまうと、誤った指導の仕方で生徒を傷つけてしまったり、関係が悪くなってしまったりするかもしれません。部活動で「男子だからきつく叱っても大丈夫だ」と思って指導したら、そこから関係が悪化し、言うことを聞かなくなってしまったという例を見たことがあります。男子の中にはきつく指導されて「なにくそ！」と奮起する生徒もいますが、その生徒はそうではなかったようです。目の前の生徒がきつく叱っても奮起できる生徒かどうかを考えていれば、もっとよい指導ができたはずです。

　また、私たち教師は自分の経験を疑うことも大切です。私はまだまだ教師経験が浅いですが、そんな私でさえ目の前にいる生徒を過去に担任した生徒に重ね合わせてしまい、「○○に似ているなぁ」と思ってしまうことがあります。自分の経験が「○○な子は〜すればいいんだ」という凝り固まった見方を生んでしまうのです。特に部活動では自分が学生時代に自分が受けてきた指導をそのまま生徒にしてしまうことがあります。このように、自分の経験が生徒を画一的に見る原因になることもあります。

　中学生の在り方は百人百色です。一つの見方を多数の生徒に当てはめ、目の前の生徒が見えなくなってしまってはいないでしょうか。

中学生は見ている

　「中学生ってどんな時期？」と担任している生徒たちに聞いてみると、「現実を見る時期」と答えた生徒がいました。さらに詳しく聞くと、「自分のことや周りのことがわかってきて、現実が見えてくる時期」だと言いました。

　中学生は自分を客観視できるようになってくるとともに、自分がいったいどんな人間なのかを探っていく時期なのだと言えそうです。自分とクラスメイトを比較したり、目の前の大人を見て否定したり真似したりして、自分らしさを形成していく時期に入ってくるのだと思います。

　では、中学生は身近な大人の一人である教員の「何」を見ているのでしょうか。

　まず、年度初めに「この先生はどんな先生なのか」を判断することから始まり、生徒にとって私たち教員の立ち居振る舞いは「見る」対象です。また、子は親を見て育つといいますが、親の次に長い時間をともに過ごすのが担任教員です。つまり、担任を見て育つこともあるでしょう。育てばよいですが、自分のよくないところが生徒に影響を与えてしまう怖さもあります。生徒にイライラしたとき、案外自分にも似たところがあるなぁと思うことはありませんか。教員である自分も生徒にとって一つの教材であるという意識が必要でしょう。

　そして、「先生が生徒をどう見ているか」も生徒は見ています。以前、「先生ってAのこと嫌いだよね」と言われたことがあります。

　Aという生徒に対して嫌っているという感情はまったくありませんでした。頻繁に話しかけにくる生徒だったので、忙しさを理由にあしらうことが多くなっており、そのときの私の対応がまずかったのでしょう。周りの生徒に「先生はAが嫌いだ」と思われてしまったのです。これも怖いことですが、「先生でも嫌いなんだから私たちも」となり、Aに対する周りの生徒の見方、言い換えれば、Aの見られ方に影響が出てしまうと最悪です。この経験が、自分の生徒への関わり方を見つめ直すきっかけとなりました。

　生徒が他の生徒からどう見られるかについて教師の言動が影響を与えてしまうことがあります。注意ばかりしていると、周りの生徒はその生徒が注意されて当

たり前の生徒だと思ってしまいかねません。たとえ、教師がその生徒のことをどれだけよく思っていても、です。それなら、よく思っていることを積極的に言葉にして周りの生徒にも伝えていけばいいのではないか、と私は考えました。たとえば、「あいつには期待しているからついつい色々言っちゃうんだよなぁ」のように、教師が肯定的に見ていることを言葉にして伝えることで、周りの生徒にも肯定的な見方が広がっていくのではないかと考えたのです。

　やんちゃな生徒を担任したときも、「あいつも変わろうとしているんだけどね」「根はすごくいいやつなんだよ」とクラスの中で話し続けました。不登校の生徒の場合は欠席の理由等にもよりますが、教室で積極的に名前を出すようにしています。「先生は来てほしいと思っている」と周りの生徒に伝えるためです。クラスの一員として忘れさせないためでもあります。どちらも効果があるかどうかはわかりませんが、少なくともマイナスにはなっていないと思っています。

教師の立ち居振る舞いや言動が生徒にどんな影響を与えるのか

　これらを考えることは、普段の言動や生徒への関わり方を考える一つの視点となるのではないでしょうか。

「生徒の理解」を理解する

　中学生は、自分が他者からどのように見られているかを気にし始める時期です。服装や髪形などに気を遣うようになることもその一例でしょう。また、外見だけでなく、どんな人だと思われているかといった他者からの評価にも意識が向くようになります。たとえば、授業での発言が小学生に比べて少なくなりますが、これには「間違えたら恥ずかしい」「おかしなことを言ったら変だと思われる」などと周りの目を意識しだすことも影響しています。

　どう見られるか、を意識すること自体は悪いことではありません。しかし、見られ方を意識しすぎると、いきすぎた行動をとってしまうことがあります。

　たとえば、やんちゃな生徒。同じやんちゃ集団の中ではやんちゃである姿を見せ続けなければなりません。だから、たとえ担任とよい関係が結べていたとしても、仲間たちの前では簡単に態度を改めることができません。以前担任した生徒には、１対１で話をしている場面では素直なのに、仲間たちの前では担任に対して反抗的な態度をとる生徒がいました。多少不服でしたが、メンツというものがあると思えば理解することができました。

　また、何か問題が起きて生徒を指導する際には、生徒を一人ずつに分けて話をすることが多いと思います。ここにはぞれぞれの話の辻褄があっているかを確認する目的とともに、一人にすることで周りの目をなくしてやるという意味合いもあります。仲間からの目をなくすことで、教師に対して虚勢をはらず、素直に話ができるようになるのではないでしょうか。

　やんちゃな生徒だけではありません。むしろ、真面目な生徒の中にこそ周りの目を意識して苦しんでいる生徒がいると考えています。「真面目だね」という周りからの評価に縛られ、真面目であらねばならないという自分と、真面目であることが苦しくなってくる自分の間で疲弊する生徒がいるように思うのです。今、自分が担任している生徒、もしくは今までに担任した生徒の中に当てはまる子は思い浮かびませんか。

　このような俗に「いい子」と言われる生徒は、女子生徒に特に多いように感じ

ています。だから私は「いい子はいい子であらねばならないと思いすぎているのではないか」「いい子は無理をしていい子を演じているのではないか」と思うようにしています。教師も「いい子」を押しつけてしまうと、その生徒をさらに追い込んでしまうことになります。まずは、教師自身がそのように感じ取り、「いい子」を押しつけないようにすることが大事です。

　これらのことから、中学生を理解するには

生徒が「周りからどう見られていると感じているか」を理解する

という面が必要なのではないかと私は考えています。

　生徒理解と聞くと、生徒の性格や特技など、どんな生徒なのかを理解することだと考えると思います。それももちろん大切です。しかし、それだけにとどまらず、生徒自身が周りからどう見られていると感じているか、それについて本人がどう思っているのかを理解することも必要な見方の一つなのです。

信じて任せる

　私が３年生の担任になり、修学旅行の打ち合わせをしていたときの話です。そこで、次のような持ち物の話になりました。

「宿泊用の荷物を入れるのはどんなカバンでもいいですよね」

「そうですね。手持ちの荷物を入れるカバンはどうしますか」

「それは学校指定のカバンにしましょう」

「宿泊用の荷物に２日目以降の飲み物を入れて持っていかせますか」

「炭酸はバスで揺れて破裂したら危ないのでなしにするとして、ジュース類はどうしますか」

「ジュースはなしで、水・お茶・スポーツドリンクのみにしませんか。しっかり水分補給できるものがいいので。２本ぐらいですかね」

　みなさんはこの会話を読んでどのように感じましたか。私は違和感をもちました。教師が細かく決めすぎていると思ったからです。ルールや条件等がなければ何でもありになって収拾がつかなくなってしまいます。知らなければ困ることもあるので、必要に応じて情報を伝えることも必要でしょう。しかし、生徒にも考える余地を残しておきたいと私は思っています。何でもかんでも教師が決めてしまうのは、生徒を過小評価しているからなのではないでしょうか。中学生ともなれば考える力も育ってきています。育っていなければなおさら、考える機会を与えるべきでしょう。大枠を示し、情報を与え、どうするかを考えさせることが必要です。

　これは一例ですが、私たち教師は生徒の考える機会を奪っていることがあります。自分の日々の生徒への関わりをふりかえると、教師が決めたことに従わせたり、命令したりし過ぎてはいないでしょうか。

　たとえば、大掃除。学期の終わりに行われることが多いと思います。私はいつも「教室をきれいにするために、やった方がいいと思うことを自分で見つけてやってください」と言うようにしています。そうすると、生徒は自分でどこを掃除すればよいかを考えて行動することになります。新聞や雑巾などの道具を用意し

ておくと、生徒は必要に応じて取りに来ます。もちろん何をやればいいかわからない子やサボろうとする子が出てくるときもあります。そのときは「誰かと同じことをしたらどう？」と真似させたり、近くの生徒に「一緒にやらせてあげて」とお願いしたりします。

　このように、目的だけを示して方法などを任せることで生徒は自ら考え、主体的に動くことができます。こうした方がほめる場面も多くなります。大掃除で言えば、私が期待していなかった場所まで綺麗に掃除してくれる生徒が出てきたり、自らエアコンのフィルターや扇風機の羽を掃除してくれる生徒が出てきたりします。教師が指示してしまえば「やって当たり前」と思ってしまいがちなことですが、進んでやってくれたと思えれば自然と「ありがとう」と言うことができるでしょう。修学旅行の打ち合わせの例も大掃除の例も小さなことです。しかし、その背景にある生徒に対する見方には大きなちがいがあると思っています。つまり、

生徒に考えさせる機会を多くもつことが大切だ

ということです。当たり前だと言われるかもしれませんが、生徒の力を信じ、生徒に考えさせる機会をもっと多くつくることはできないでしょうか。普段の関わりを見つめ直すことで、見えてくるものがあるのではないでしょうか。

学校は楽しい場所とは限らない

　学生のころの私にとって学校とは楽しい場所でした。今、自分の中学校生活を
ふりかえってみても、楽しかった思い出がまざまざと思い出されます。「行きた
くない」と思ったことはありませんでした。だから、初任のころの私は「学校は
楽しいものだ」という思いが当たり前のものだと思っていました。しかし、現場
に出てみるとアンケートで「学校は楽しくない」と答える生徒や、私にとって楽
しいはずの学校行事に消極的な姿勢を見せる生徒がいました。そこで私は、「学
校は誰にとっても無条件に楽しいものであるわけではない」という当たり前のこ
とに気づきました。

　生徒だけではありません。以前の学校でお世話になった校長先生が「保護者の
方の中には学校で嫌な経験をされて学校に不信感や嫌な思いをもたれている人も
います」とお話しされたことがありました。よく考えれば当たり前のことですが、
「保護者は学校に協力的であるものだ」と思ってしまっていた私にとっては衝撃
的な一言でした。

　「学校は楽しいものだ」「保護者は学校に協力的であるものだ」というのは浅は
かな私の偏った見方でしたが、案外こういったことはよくあると思います。つまり、

教師は自分の見方で見てしまっている

ことが多いのではないかと思っています。

　良くも悪くも誰しもが自分の学校生活という経験をもっています。そこで形成
されてきた価値観が自分の見方に大きな影響を与えているはずです。にぎやかな
学級で楽しいと感じていた人は「にぎやかな学級がよい」と思っているでしょう。
体育大会によい思い出がある人は「体育大会にしっかり取り組ませたい」と思っ
ているはずです。

　問題はそう思っていることではありません。そう思わない生徒を悪く思ったり、
排除してしまったりすることです。たとえば、にぎやかな学級をつくりたい先生
が、「もう少し落ち着いた学級にしたいです」と生徒に言われたときに、「にぎや

かな方が楽しいよ」と無理強いしたり、みんなで楽しんでいるときに笑顔でない生徒を見て「なんで楽しめないのか」と非難したりすることが問題なのです。

　全員を満たすことを求められる学級経営において、教師は独りよがりではいけません。「あの子も楽しめるクラスにするためにはどうすればいいか」「どうすれば体育大会が嫌いな生徒にも参加してよかったと思わせられるか」と考えるように、生徒に寄り添う姿勢が必要です。自分とは異なる価値観や見方を受け入れないのではなく、受け入れて変化していくことが大事です。

　私もそうですが、教師は生徒に自分の価値観や見方を否定されることに強い抵抗があるように思います。きっと相手がまだまだ子どもだという思いがあるからでしょう。たしかに生徒の見方や価値観が偏っていたり、間違っていたりすることもあります。しかし、私たち教師の方が偏っていたり、誤っていたりすることもあるでしょう。そして何より、教師が相手でも意見を言えるぐらい逞しい生徒を育てたいと私は思います。教師の見方や価値観に固執せず、当てはめてしまわないようにし、自分とは異なる生徒の価値観や見方にも寄り添い、受け入れるべきところは受け入れていきたいものです。そんな先生の方が生徒もきっと信頼できるはずです。

学級づくりの第一歩

　学級経営について書かれた書籍などを見ると、「自治的集団」という言葉がよく出てきます。簡単にまとめると、自分たちで自分たちのことができる集団だと言われています。この言葉を知ったかつての私は「そうか、生徒に任せて自分たちでやらせればいいんだ」と早合点してしまいました。そして、事件が起こりました。

　中学1年生を担任していたころのことです。2学期に合唱コンクールがありました。そこで、合唱部にも所属しており、リーダーシップのある女子生徒Rさんに合唱リーダーとしてクラスを仕切ることをお願いしました。練習のときに練習内容を考えさせたり、前に立ってクラスメイトにアドバイスをさせたりしたのです。これだけでもすでに問題だらけですが、私はさらにとんでもない失敗をしました。一生懸命歌わない男子が数人出てしまい、そのことで私に相談をしにきたRさんに「あなたなら大丈夫、うまくできるよ」と言い、何も手を出さなかったのです。結局、一生懸命歌わない男子はその後も変わらず、それに困り果てたRさんが周りの女子生徒と一緒に男子生徒に文句を浴びせる形となり、一部の男女の間に大きな亀裂ができてしまいました。

　このときの私の対応は問題だらけです。その中でも一番の問題は「任せる」のとらえ方を間違えてしまっていたことでした。当時の私の「任せる」は「放任」や「丸投げ」になっていました。だから、とるべき方法も間違ってしまいました。土台となる考え方が間違っていたために、正しい方法をとることができませんでした。

　先述したように、一番の問題は「任せる」のとらえ方を間違えてしまっていたことですが、今考えるとそもそもの原因は別のところにあります。それは、「自治的集団」の理解が不十分だったことです。クラスとしての目指す姿をはっきりと思い描いていなかったことが、不適切な指導につながったのです。

　「自治的集団」という言葉を知り、自分たちで自分たちのことができる集団を目指そうと考えたところまでは問題ありませんでした。しかし、そこで「自治的集団とはどんな状態のことなのだろうか」「なぜ自治的集団を目指すとよいのだろうか」といった目的や目標を明確にすることを疎かにしてしまっていました。それでは「どうすれば

よいか」「何をすればよいか」を適切に考えられるわけがありません。目的や目標が
はっきりしているからこそ、その達成のために適切な方法を考えることができるのです。

　つまり、学級経営をしていくうえで

目的や目標を明確にすること

が、大切なことだと言えます。

　今の私は、「自治的集団」を自分たちで自分たちのことを幸せにできる集団だ
ととらえ直しています。私には「自分たちのことができる」よりも「自分たちの
ことを幸せにできる」の方が、助け合い、協力し合うイメージがしやすかったの
です。かつての私もこのように自分の言葉で再定義していれば、目指すクラス像
が少しは明確になっていたことでしょう。そうすれば、Ｒさん一人にクラスを仕
切らせることもしなかっただろうし、相談に来たＲさんを突き放すこともしなか
っただろうと思います。

　先生方はどのような学級を目指していますか。それは具体的にどんな行動が生
まれている状態ですか。また、なぜそのような学級を目指しているのですか。こ
れらの問いにすぐ答えられるでしょうか。もし、答えに困るようでしたら、ここ
を明確にしてみてはいかがでしょうか。

応用行動分析学

　紹介したい考え方として、「応用行動分析学」があります。この考え方の特徴は、人の心は目に見えないという立場をとり、目に見える「行動」に注目することで理由を理解しようとすることです。行動の前後に着目し、行動のきっかけと結果に注目することで生徒の行動の目的を理解しようとしていく考え方です。

　行動を起こす引き金になったきっかけは何か、行動を起こしたことによって得たもの、もしくは避けられたものは何かを分析し、行動の理由をとらえていくのです。もし、きっかけがいつも同じであることがわかれば、そのきっかけを取り除いてやればよいことになります。何を得るために行動しているのかがわかれば、結果を調整してやることで行動が変わります。このように、きっかけと結果にアプローチしていくことで望ましくない行動を減らし、望ましい行動を増やすことをねらっているのが応用行動分析です。

　この考え方を知るまでは「なぜ〜するのだろう」と行動の理由を漠然と考えていましたが、知ってからは「何がきっかけなのか」「何を得ているか」と具体的な視点をもって生徒を見ることができるようになりました。

　「応用行動分析学」を詳しく知りたいという方は、有川宏幸氏の『教室の中の応用行動分析学　その「行動」には理由（わけ）がある』明治図書出版（2020）がおすすめです。

第 二 章

生徒とのかかわりを
増やす方法

何を自己開示するか

　人間は未知のものや理解できないものに出会ったとき、不安や恐怖を感じます。突然何を言い出すのかと思われたかもしれませんが、人間関係においても同じことが当てはまります。「この人はどんな人かわからない」「この人は何を考えているかわからない」。このような状態では良好な人間関係を結ぶことはできないでしょう。

　そんなこと言われなくてもわかっていると思われた方もいらっしゃるかもしれませんが、案外生徒にとって教師とは「何を考えているかわからない」存在になってしまいがちです。みなさんは「生徒からどのような人間だと思われていますか」と聞かれたら答えることはできるでしょうか。答えられないとしたら、生徒にとって不気味な存在になっているかもしれません。

　そこで大切になってくるのが自己開示、つまり、

自分のことを相手に伝えること

です。担任の考えていることや感じていることがわかりやすければ、生徒も安心できるでしょう。ただし、ここでいうわかりやすさとは単純であることではありません。ただ単純でわかりやすいのは中学生に馬鹿にされてしまいかねません。わかりやすさとは簡単にわかるということではなく、「きちんと伝えてくれる」ということです。

　では、何を伝えればよいのでしょうか。自己紹介として、年度初めに簡単なプロフィールを伝えることはみなさんされていることだと思うので、私がそれ以外に生徒に伝えていることをいくつか紹介していきます。

　まず、自分の考えを積極的に発信します。たとえば、野口芳宏先生が提唱された有名な「叱る三原則」などがここに当てはまります。叱られる基準がはっきりわからないことは生徒にとって不安でしかないです。その他にも、学校でどんな力をつけてほしいのか、どんなことができるようになってほしいと考えているのかなど、押しつけてしまってはいけませんが、担任としての願いを伝えることは、

生徒ががんばる際の道しるべとなるでしょう。どんなことを大切にしているか、考えを発信していきましょう。

　次に、担任自身の失敗談です。現在の失敗談でもかまいませんが、私は自分の学生時代の失敗談をよく話します。「みんなには同じ失敗をしてほしくないから話すんだけど」と言えば、伝えたいことを楽しく伝えることができます。目の前の生徒に応じて少し脚色することもあります。苦手や失敗は共感を得やすく、親近感をもってもらいやすいので効果的です。自慢話は尊敬を集められるかもしれませんが、人の自慢話を聞くのが好きな人はほとんどいません。

　さらに、私は困っていることやしんどいことも生徒に正直に話しています。クラスに落ち着きがないと感じたときに「君たちに落ち着きがなくて困っているんだけど」と言ってみると、「え、先生困ってたんですか？　じゃあ気をつけますね」と言われたことがあります。「君たちだから正直に言うんだけど」「わかってくれると思うから言うんだけど」という枕詞を使うとより効果があります。

　自己開示には返報性があります。相手が自己開示してくれたら自分も自己開示した方がよい気持ちになるというものです。担任が積極的に考えや経験、気持ちを開示していくことで、生徒も返してくれるかもしれません。与えるから与えられる。まずは教師から、です。

生徒の世界に足を踏み入れる

　好きなものについて話すか、嫌いなものについて話すかであれば、好きなものについて話す方が楽しく、会話も弾むでしょう。これは中学生も例外ではないはずです。とすれば、生徒との関わりを増やすためには、生徒の好きなものについて話をすればよいと言えそうです。

　では、生徒の好きなものをどうやって把握すればよいのでしょうか。生徒に「何か好きなことや好きなものはある？」と直接聞くことも可能ですが、私は書かせて把握するようにしています。私が勤務する地域では、年度初めによく自己紹介カードというものを記入させます。ただ書かせて掲示するだけでは形だけになってしまいます。私はいつもこの自己紹介カードを見て、好きなことや好きなものを把握しています（他にも、好きな教科や嫌いな教科、将来の夢、特技といった項目も確認しています。これだけでも会話のネタはたくさん見つかります）。年度初めに自己紹介について扱う時間がなかったときは、日記に自己紹介を書かせて提出させたこともありました。

　私の実感として、自己紹介をさせると好きなものにアニメ・漫画・ゲームを書いてくる生徒が多いように感じます。だから、私はアニメや漫画にも積極的に目を通すようにしています。みなさんは中学生の間で今流行っているアニメや漫画が何かわかりますか。マイナーなものまで把握するのはもちろん困難ですが、何が流行っているのかを知ろうとする程度の関心をもった方がよいですし、最初から知ろうとしないよりかは少しでも読んでみるぐらいの姿勢はあってよいのではないかと考えています。

　中には、アニメや漫画が苦手、知りたいけど時間がないという先生もいらっしゃると思います。その場合は、生徒に教えてもらうのも一つの手です。「今みんなの中でどんな漫画が流行っているの？」「それってどんな話なのか教えて」と聞けば、好きな生徒は一生懸命しゃべってくれるはずです。

　苦手だったり、知らなかったりしたとしても、

中学生の流行に興味をもつ

ことが大切です。中学生の流行に関心をもっていることが伝わらなければ、生徒に「私たちのことに興味がない」「私たちとは遠い存在だ」と思われても仕方ありません。自分たちのことに興味をもとうとしない大人に対して、中学生は話をしたいとは思わないでしょう。知らないことと知ろうとしないこととの間には雲泥の差があります。

　私はあまりゲームは得意ではありませんが、生徒と関係をつくるためにスマホゲームを始めたこともあります。不得意がゆえにクリアできませんでしたが、かえってどうしたらクリアできるかを教えてもらうことをきっかけに会話が増え、関係を結ぶことができたこともあります。

　中学生の世界に興味をもち、足を踏み入れてみることで、つながりがきっと増えるはずです。中学生の間で何が流行っているのかを知ろうとし、少し触れてみてはいかがでしょうか。

私がスーツを着る理由

　みなさんは何を着て出勤していますか。私は毎日スーツを着て出勤しています。もともとは生徒が制服を着ているのだから自分もきちんとした服装をした方がよいと考えたことが理由でしたが、今はその考えが変わってきました。

　私がスーツを着用する理由は、スーツを着ていくだけで目立つからです。今までどの職場でもスーツを着ている人は数人でした。管理職の先生を除くと自分だけがスーツを着ている年もありました。生徒にとって毎日スーツを着てくる先生は珍しいようです。だから、特に年度初めは生徒からスーツをきっかけに話しかけられることが多々あります。「なんで毎日スーツなのですか」は毎年必ず質問されます。また、スーツを着ている期間が長くなってきたことでネクタイの本数も増えてきました。毎日ちがうネクタイを着けていくと、「ネクタイ何本持っているのですか」「今日のネクタイ似合っていますね」といったことからも会話が生まれます。最近はネクタイピンにもこだわり始めたので、どんなネクタイピンをつけてくるかを楽しみにしてくれる生徒も出てきました。

　自分から話に行くことが苦手なタイプでも、身につけるものによって会話のきっかけをつくることができます。私が今まで出会った先生の中には、中学生が憧れるようなブランドのTシャツや有名なアーティストのライブTシャツなどを着ていることをきっかけに生徒と会話をしている先生がいました。また、知り合いの先生から、ある小学校に1年間毎日ちがう服で出勤する女性の先生がおり、子どもたちが毎日先生の服装を楽しみに登校しているという話を聞いたことがあります。

　また、服装だけに限りません。私の場合はいくつか持っている腕時計を日によって変えているので、これにも反応する生徒が出てきます。文具が好きな先生は、珍しい文具をきっかけに会話が弾んでいましたし、楽器が得意な先生は教室に置いたギターを使って生徒と交流していました。アップルウォッチを身につけた先生が生徒に囲まれている様子を見たこともあります。

　つまり、

アイテムの力を借りて会話のきっかけをつくる

ことができるのです。

　しかし、別に無理に生徒にウケそうなものを買ったり、身につけたりする必要はありません。生徒に歩み寄りすぎて媚びているように感じられてしまってはいけませんし、身の丈に合わない高級品を買っても背伸びしていることがばれてしまいます。自分に必要なもの、自分が好きなものの延長線上に、生徒にとって珍しいもの、気になるものが重なればよいのです。

　もし今、何も意識せずに身につけるものを決めているのであれば、可能な範囲で自分の好きなものを押し出したり、バリエーションを増やしたり、必要なもののグレードを高めたりして、生徒との会話のきっかけを増やしてはどうでしょうか。

自分の機嫌は自分でとる

　生徒と関わる機会を増やすためには、いつも教師側から話しかけるだけでは機会が限定されてしまいます。生徒から話に来てもらう必要があります。つまり、生徒にとって話したいと思える存在にならなければなりません。そのためには何が大切かについてはこれまでのページでも少し触れてきましたが、最も単純で、しかし、ついつい忘れてしまいがちなことがまだ残っています。それは、

生徒の前では常に笑顔でいること

です。

　あるとき、生徒から「先生最近機嫌がいいですね」と言われました。そのとき「特に前と変わらないと思うけれど」と言うと、「最近は笑顔が多くて楽しそうです。前は機嫌が悪そうだったので話しかけづらかったですよ」と言われてしまいました。その生徒の言葉によって、疲れやうまくいかない悩みから笑顔がなくなってしまっていたのだと気づかされました。１年の間にはいろいろなことがあるので、「常に」笑顔でいることはなかなか難しいことだと思います。しかし、笑顔のない先生は機嫌が悪そうに見え、生徒にとっては話しかけづらいのです。笑顔であることも教師の仕事の一つ。それぐらいのつもりで、笑顔を常態化させましょう。生徒にとって、話しかけやすい先生でいたいですから。

　さて、先ほどの私の経験には、もう一つ大事なポイントがあります。それは、笑顔でいれば生徒には先生が楽しそうに見えたということです。そのとき、実際はしんどかったり、困ったりしていたかもしれません。しかし、生徒は私の笑顔を見て、楽しそうだと判断していました。つまり、実際に楽しいと思えていなかったとしても、笑顔をつくることが大切なのです。

　また、笑顔でいるからこそ楽しくなってくることも事実です。信じられない方は試しに一度笑顔をつくってみてください。笑顔をつくる前よりも楽しい気持ちになるのが実感していただけると思います。

　このように、笑顔をつくることで自分の機嫌をとることができます。ものすご

く機嫌のいいときがあるけれど、ものすごく機嫌の悪いときもある人は関わりにくいです。生徒が教師の機嫌を伺うようになってはいけません。「今は先生の機嫌が悪いから避けよう」と生徒が離れてしまいます。笑顔を意識し、自分の機嫌をとることも教師には必要な力です。

　そして、自分の機嫌をとることができれば、周りの見え方も変わってきます。「うまくいかない」「生徒に元気がない」と感じるときは、得てして自分の機嫌がよくないときです。周りのせいにしてしまいがちですが、自分の機嫌が周りを暗くよどんだ雰囲気にしているのが大半です。逆に、機嫌がよければ楽しく感じられるので、周りも明るく見えてきます。担任の機嫌のよさが周りにも波及し、さらに自分の機嫌がよくなるという好循環が起こります。その人の機嫌が周りの世界に色をつけるのです。

　「笑う門には福来る」

　私の家族が好きな言葉です。笑顔を大切にすることで、自分も周りも明るくしていきたいと思っています。

生徒が活躍できる機会を増やす

　４月初めは多くの先生方が新しい生徒との出会いにワクワクする時期だと思います。新しいメンバーと過ごす生活に思いを巡らせ、今年もがんばるぞという決意を胸に、新学期への準備を進めるこの時期が私は好きです。しかし、たとえどんなにやる気に満ち溢れた状態であったとしても、準備をやり過ぎないということを私は大切にしています。特に教室準備で他の先生方と私にはちがいがあるように感じます。年度初め、一生懸命掲示物をつくっている先生を見かけることがありますが、私はほとんどつくりません。

　それは、生徒たちが初めて教室に入るとき、すでに様々な準備がなされている場合、生徒はお客さんになってしまうからです。これでは生徒たちに「してもらう感覚」を植えつけてしまいます。私はことあるごとに「教室はみんなでつくっていく場所だ」と伝えています。だから、新年度が始まってからも教室の環境づくりは最低限にとどめます。

　では、教室の掲示物はつくらないのか。もちろんそんなことはありません。ここでいう私の最低限とは、

①なくては学級の生活が成立しなくなるもの

②どうしても教師が用意する必要のあるもの

　という基準です。あった方がいいものもたくさんあると思いますが、それはクラスの様子を見て判断していきます。教師の一存で決めるのではなく、生徒に「何かあった方がよいものはある？」と聞き、私が必要だと判断した場合に用意するようにします。こうして自分たちで環境を整えていく意識をもたせたいと考えています。そして、誰かが必要だと言ったものが実際に重宝した場合、「○○さんのおかげだね」と取り上げることができます。

　また、準備を最低限にとどめることにはもう一つ大きなねらいがあります。

　それは、

生徒と一緒にできることは一緒にする

　生徒と一緒にすることで、「ありがとう」と伝える場面が増えます。休憩中に教室で掲示物をつくると、「先生は何をやっているのですか？」と話しかけてくれ、手伝ってくれる生徒が出てきます。出てこなければ手の空いている生徒に「手伝ってくれない？」と助けを求めます。どちらにせよ「手伝ってくれてありがとう。助かったよ」と伝える機会がつくれます。放課後に一人で掲示物をつくることも必要なくなり、一石二鳥です。

　初任のころの私は教室掲示にも力を入れていましたが、結構時間がかかっていました。そして、下手くそでした。修学旅行の写真を使って掲示物をつくったとき、生徒に「先生センスないね」と言われたほどです。しかし、これがよかったのです。「それなら君たちがつくってくれよ」と掲示物作成を頼んだことをきっかけに生徒にできることは生徒に任せたり、一緒にやったりすればいいんだと思うようになったのです。掲示物や修学旅行のしおりなど、何か制作物をつくることは、絵を書くことが得意な生徒、手先が器用な生徒の活躍場面になるよい機会です。ぜひ活躍させたいものです。

　こちらから与えることが常に最善であるとは限りません。生徒とともに、という視点をもち、教師の負担を軽減しつつ、生徒を満たしていきましょう。

朝の会・終わりの会はシンプルに

　担任として毎日の生活の中でクラスの生徒と関わることのできる時間を約束されているのが、朝と帰りの会、給食と掃除の時間です。この中で個々の担任が何をするのかを決めることができます。みなさんは何を大事にして、どのようなメニューで会を行っているのでしょうか。

　私も今までの担任経験の中でいろんな形を模索してきました。前に立つ機会を確保したいという思いから日直に司会役をさせたときもあれば、一言スピーチをさせたときもありました。しかし、やらせきるのも大変で、しんどい思いをしたわりには効果が感じられない結果となりました。

　そうして、現在の私がたどりついた形は

【朝の会】

①挨拶

②連絡

③配布物

④提出物の回収

【帰りの会】

①予定の確認

②挨拶

です。非常にシンプルな形になりました。要するに絶対に必要だと思うことだけをするようにしたのです。ここには私なりの理由があります。それは、

早く終わらせて生徒と関わる時間を確保する

ということです。

　朝の会は必要な連絡を行い、配布物を配ります。生徒が配布物に目を通している間に生徒の様子を観察し、この後、誰と話すかを考えておきます。最後に「提出物がある人は前に提出に来なさい」と伝えて終了です。余った時間で生徒と話します。いつもより元気がないと感じた生徒に「昨日は寝るのが遅くなったの？」

と声をかけたり、最近あまり話せていないと感じる生徒に話しかけたりするように
しています。教室内で自由に過ごしてよいことにしているので、私と話をして
いない生徒もクラスメイトと話をしたり授業の予習をしたりと各々の好きな過ご
し方をしています。長い朝の会を過ごすよりも、こちらの方が生徒も気持ちよく
１限目の授業に向かっていけます。教師側にも、万が一、朝の職員の打ち合わせ
が長引いたときでもすぐに終わらせて授業に向かえるというメリットがあります。

　帰りの会はもっとシンプルです。どうしても伝えておきたい内容だけを伝えて、
残りは時間がくるまで「今日の体育の授業はどうだった？」「今日も部活がんば
ってね」と生徒と雑談をして過ごします。特に時間が決まっておらず早く終わら
せてもよい学校なら、すぐに「さようなら」の挨拶をします。きっと生徒は「早
く帰りたい」「早く部活に行きたい」と考えていると思うからです。ただし、私
は少し教室に残るようにします。この時間で私に話しにくる生徒もいるからです。
帰り支度が遅かったり、教室から出ていくのがゆっくりだったりする生徒は話し
たい気持ちをもっていることがあるので声をかけるようにしています。

　朝と帰りのHRは必要なことだけを行い、生徒と関わることができるぐらいゆと
りのある時間にしましょう。教師にも生徒にとっても心地よい時間となるはずです。

現場監督ではいけない

　前節で、毎日の生活の中で担任としてクラスの生徒と関わることのできる時間として約束されているのが、朝と帰りの会、給食と掃除の時間だと書きました。今回はこの中の給食と掃除の時間について書きます。

　この２つの共通点は生徒の役割分担を決めるということです。その際に多くの先生が班制度を利用していると思いますが、その際のポイントは人数を少なめにするということです。人数が多すぎると一人ひとりの仕事量が減り、力をもて余した生徒がサボる可能性が出てきます。それに対して、人数を少なめにしているとサボる生徒が生まれにくく、むしろ周りの生徒が手伝ってくれる状況が生まれやすくなります。環境設定によって、どのような状況が生まれやすくなるのかが変わるのです。

　そして、給食と掃除で大切にしてほしいことは担任も働くことです。担任も生徒と一緒に取り組むことのよさは３つあります。

　１つ目は、生徒からの信頼感を得られることです。中学生は口だけの大人を嫌います。掃除をやっていない先生が「掃除をやりなさい」と言うだけでは説得力がありません。「お前がやっていないのにえらそうに」と思う生徒が必ずいます。「掃除をしっかりやろう」「掃除は大切」などいくら口で伝えても、実際に取り組んでいる姿を見せる以上の効果はありません。当番制度がつくられる活動は基本的に誰もがやりたくないものです。だからこそ、率先して動く担任の姿を見せることで、生徒に信頼されるのです。

　２つ目は、一緒に取り組むからこそ声をかけやすくなることです。たとえば、掃除をサボろうとする生徒が出てきた場合、自分が掃除をしていなければ「やりなさい」としか言えません。それでは先ほど書いたように「お前だって」と思われてしまいます。場合によっては反抗されることもあるでしょう。しかし、自分が掃除をしていれば「一緒に掃除しよう」「そこちょっと手伝って」とお願いする形で声をかけることができます。担任も実際に働いている以上、大抵の生徒はやってくれます。もし、これでやらないなら、担任との関係がうまくつくれていないと判断すること

ができます。その場合は、他の場面で関係をつくっていくことを優先させましょう。

　３つ目は、一緒にやることで感じられるものがあることです。給食の配膳を手伝ったときのこと、ある男子生徒が一人ひとりに「どれくらいがいい？」と聞きながらご飯の配膳をしていることに気づきました。配膳のところに一緒に立っていたからこそ見えたことでした。また、実際に自分も配膳をしていると、予想以上に分量の配分が難しかったり、よそうのが難しかったりすることを実感します。しんどさや苦労をわかっていなければ、やって当たり前と思ってしまいがちですが、苦労がわかると普段からなにも文句を言わず取り組んでいる生徒への感謝の気持ちが芽生えます。掃除も同じです。自分が掃除をやらずに現場監督のつもりでいれば、やっていない生徒が目につきます。しかし、一緒にやれば生徒のがんばりが見えてきます。一緒に取り組むことで生徒を肯定的に見られるようになるのです。

　私は、監視して「やりなさい」と命令するよりも、「一緒にやろうよ」と誘う方が気持ちいいです。「大事だからやりなさい」と言って動かすよりも、実際にやっている姿を見せて感化する方が教育的だと思っています。

一緒にやる

　微差は大差。このような単純で小さなことが大きな差になるのです。

ヒマそうな雰囲気を出す

　生徒たちからの印象として、ヒマそうだと思われるか、忙しそうだと思われるか、先生方はどちらの方がよいと思いますか。私は生徒からヒマそうだと思われたいと思っています。それは、生徒が私に話しかけたいと思っても、私が忙しそうにしていることで話しかけるタイミングを失ってしまうかもしれないからです。忙しそうだと思う人には話しかけづらいと感じてしまうものです。先生方も管理職の先生に話しかけたいと思っても、忙しそうだと感じたら後にするか、話をせずに終えてしまうことがあると思います。

　私は生徒から「先生ヒマなんですか」と言われることがあります。しかし、実際にヒマなわけではありません。他の先生方に比べるとまだまだですが、一生懸命働いています。実際に中学校の教員をしていて、ヒマな先生はそうそういないはずです。だから、実際には忙しくても、

ヒマそうだと生徒に「感じさせられるかどうか」

がポイントです。

　ここからは私が生徒にヒマそうだと感じてもらうために行っていることを3つ紹介します。

　1つ目は、休憩時間を教室で過ごすことです。授業が連続している場合、私は授業を終えた教室か、次に授業をする教室のどちらかで休憩時間を過ごします。漢字テストの採点や授業準備をしていることもありますが、教室にいることで生徒から話しかけに来てくれることもあります。私から授業でがんばった生徒や一人で座っている生徒に声をかけたりもします。教室にいることで万が一トラブルが起きたときでもすぐに対応することができるというメリットもあります。

　2つ目は、短い時間でよいので空き時間に他教科の授業を参観することです。自分が授業をしているときには見られない姿を見ることができます。特に、音楽や体育、美術といった実技教科は覗かせてもらうととても面白いです。余裕があるときには、一緒に体育の授業を受けたこともあります。

　３つ目は、学級通信の発行です。それこそ忙しさの原因になるのではないかと思われるかもしれませんが、コツをつかめばあまり時間をかけずに発行することも可能です（学級通信発行のコツはのちのページで紹介します）。学級通信を出すことで生徒や保護者の方に「先生は見てくれている」と感じてもらうことができます。

　つまり、ヒマそうだと感じさせるというのは、生徒たちを見る、関わる余裕があるという姿勢を見せることだと言えます。一生懸命働いている姿を見せることで「先生がんばっているなぁ」と思ってもらうことも大切かもしれませんが、生徒にとっては自分たちのことを見てくれているかどうかの方が重要です。仕事をこなすことに精一杯になり、生徒とうまく関われないようでは本末転倒です。生徒のためになることに精一杯力を尽くすのが私たち教員の最優先業務のはずです。

　ヒマそうに見せるのも一つの仕事だと思って、取り組んでみてはどうでしょうか。

授業こそ関わりを増やす

　生徒と関わる時間として無視できないものが授業です。１週間で最大８時間も担任している生徒たちと関わることができる時間であり、生徒と関わる時間の中で占める割合が最も多いのが授業です。

　「授業は教える時間であって生徒と関わる時間ではない」

　こう考えている先生がいれば非常にもったいないことをしています。「たしかに生徒を指名して発言させているから関わっているなぁ」と思った先生もまだまだ生徒と関わる余地が残されています。

　たとえば、机間巡視はしていますか。そして、そこで一人ひとりに声をかけていますか。ついついできない子に指導することだけに意識がいってしまって、できている子を認めることを忘れてはいませんか。声をかける生徒がいつも同じになっていませんか。教師がずっと前に立ち、しゃべり続ける授業を見ることがあります。せっかく机間巡視をしていても話しかけず、ただ歩いているだけに見えることもあります。授業でも生徒の中に入っていき、コミュニケーションをとっていきたいものです。

　生徒を前に来させるという方法もあります。私は国語科なので「意見をかけたらノートを前に持って来なさい」という指示を出すことが多いです。この指示のよさは、短時間ですが生徒一人ひとりに声をかける機会が確保されることです。もちろん、生徒の理解度を把握することもできます。前に来させる方法以外でも、生徒を動かす授業であれば、生徒と関わる機会もつくりやすくなります。

　このように、授業で生徒と関わる機会をたくさんつくることができます。また、休憩時間は何を話しかければよいかわからない生徒であっても、授業は活動させればがんばりを認めやすくなります。

授業はコミュニケーションの宝庫

だと考え、教師が一方的にしゃべり、生徒がずっと席に座っている授業とはさよならをしましょう。

　さて、学級経営をテーマとした本書で授業について触れたのは、生徒が過ごす学校生活の大半を占めるのが授業時間だからです。だから、授業を通して学級経営をしていく視点がどうしても必要だと私は考えています。

　当たり前の話ですが、休憩時間は授業の時間とはちがい、生徒それぞれが好きなように生活しています。関わる人間も自然と限られてきます。人間関係が固定化するのは当然の流れです。しかし、授業はそうはいきません。授業では「隣の人と話をしましょう」「班で相談をします」と決められたクラスメイトとの関わりが生まれます。「いつも一緒にいる人では同じような考えしか出てきません。あまり話したことのない人と意見を交流してみましょう」という指示も面白いです。このような意図的な交流が「ただ同じクラスになった人」から「話したことのある人」、「話すと楽しいやつ」へと関係が変わっていくきっかけになります。授業でこそたくさんのつながりをつくることができるのです。

　「授業で学級をつくる」とも言われます。生徒も授業が楽しい先生が好きです。私はまだまだ未熟ですが、授業の腕を高めることも生徒一人ひとりを満たしていくためには不可欠な要素だと思い、励んでいきたいと考えています。

直接関わらなくても

　私たち中学校の教員は小学校の先生方とちがって学級担任制ではないので、担任しているクラスの生徒と関わる時間が限られています。授業での関わりも自分の教科の授業と特別の教科道徳、学級活動、総合的な学習の時間ぐらいで、多くても週8時間程度です。時間割の編成によっては自分のクラスに授業をすることがない日もあります。朝と帰りの会、掃除、昼食の時間がありますが、それほど時間があるわけではありません。生徒と顔を突き合わせて関わることのできる時間は本当に少ないです。

　そのような状況だからこそ、顔を突き合わせていなくてもコミュニケーションをとることができるツールが大切だと考えています。私は次の3つのものを活用しています。

　1つ目は、日記帳です。小学校では毎日宿題として出している先生を見たことがありますが、中学校で日記を書かせている先生はあまりいません。自分が勤務した学校では今まで見たことがありません。子どもたちと関わる時間の長い小学校の先生が日記で子どもたちとやり取りしているのに、ただでさえ関わる時間の少ない中学校の教員が日記を書かせないのはもったいないように感じます。

　書く力が高まる、教師の見えていない部分を知ることができるなど、日記を書かせることのメリットはたくさんあります。毎日書かせるのが理想ですが、教員側にも相当の覚悟が必要になるので、自分と生徒の実態に応じて頻度や内容はカスタマイズしていくのも一つの方法だと思います。

　現在は、大変ですが毎日書かせており、テーマは自由のときもあれば、時期に応じて、「先生への自己紹介」「がんばっているクラスメイトは？」「自分たちのクラスは10点満点で何点？」といったテーマを出すこともあります。普段あまり口数の多くない生徒が日記で雄弁に語ってくれることもあり、新しい発見があります。また、「悩んでいることや聞きたいことがあればいつでも日記に書いて出してくれたらいいよ」と伝えておくことで、口では言いにくい相談を日記でやり取りすることも可能です。

　2つ目は、学級日誌です。私が勤務する地域の学級日誌には「反省と振り返り」

という項目があります。何も言わなければ多くの生徒は、「きちんと仕事ができました」「黒板をきれいにできました」といった事務的な報告で終わります。これだとせっかくのツールが無駄になってしまいます。だから私は、「先生へのメッセージか、クラスやクラスメイトのことで気づいたことなどを書いてくださいね」と言っています。こうすれば、交流するツールとして活用することができます。

　3つ目は、ノートやワークシートです。自分が担当している教科の授業はもちろん、道徳や学活で何か文章を書かせたときに、生徒に書かせて終わりになってしまってはいないでしょうか。大変な作業であることは重々承知していますが、生徒に書かせたら教師も何か書いて返却するのがよいでしょう。とはいえ、私も時間がつくれず、スタンプやサインで済ませてしまうこともありますが、せめて一言でもコメントを書き、紙上であったとしても関わりの機会を増やしたいと考えています。

　また、道徳のふりかえりや学活などで書かせる行事の感想を、日記で書かせる方法もあります。そうすれば日記の活用頻度を高めることもできますし、学校で面と向かって関われる時間を増やすこともできます。

限られた時間の中で関わる機会と時間を増やすためのツールの活用

が有効となってくるでしょう。

行事には参加する

　ここまで日常的な関わりについて書いてきましたが、学校生活には学校行事という非日常的なイベントがあります。学校行事の際にはみなさんどのような関わりを意識されているでしょうか。ここでは行事に向けた指導ではなく、学校行事を使って生徒との関わりを増やすためのポイントについて紹介します。

　私はたった一つのことを大切にしてきました。それは、

自分も行事に参加する

ということです。

　たとえば、体育大会。毎年教員チームのリレーメンバーの一人として走ってきました。他の先生の分も走って疲労困憊になり、ふらふらになりながら帰りのHRに行ったこともあります。それでも、走ることは大切です。当日も次の日も「先生走っていましたね」「思ったより速くてびっくりしました」とたくさん生徒から声をかけられたからです。足が速かろうが遅かろうが問題ではありません。恥をかくことを恐れず、出ることが大事なのです。生徒も自分のクラスの担任が走っている姿を見ると喜びます。他にも綱引きでは自分の学級を応援するために一生懸命学級旗を振ってきましたし、時間があれば応援席で生徒と一緒に競技に出ている生徒を応援してきました。担任が率先して応援する姿や「○○がんばっているなぁ」とつぶやいたりすることで認め合う雰囲気を醸成することもできます。また、ハイタッチをしてがんばりを一緒に喜ぶことで、親密感を構築していくよい機会にもなります。

　合唱コンクールでも歌練習に一緒に取り組みました。恥ずかしがる男子に見本を見せるためです。女子生徒にはものすごく笑われますが、男子の背中を多少は押すことができていると思っています。

　また、私の前任校では文化発表会に職員が華道に取り組む機会がありました。毎回、私の作品を見た生徒が「先生ってセンスないですよね」とからかいに来ました。数年でたった一人だけ「先生の作品が一番上手だと思いました」と言って

くれた生徒がいました。担任でも教科担任でもないクラスの生徒だったので驚きましたが、なにがきっかけでつながるかわからないものだと感じました。

　修学旅行では時間に余裕があれば生徒がトランプしている輪に混じったこともあります。生徒が班別自由行動をしているときは、本部待機の時間以外はできる限りカメラを片手に生徒を探し、写真を撮るようにしてきました。

　行事だからこそできる関わり方、行事だからこそ見えてくる生徒の姿があります。そして、生徒の中に入って自分も行事に取り組むことは、生徒と関わるきっかけを生むだけでなく、恥をかくことを恐れない姿を見せること、生徒のことを見ていると伝えることができるなど、多様なメリットがあります。

　ただし、生徒の中に入りすぎると生徒と同じ目線になってしまうため、生徒全体の様子が見えにくくなってしまいます。生徒の中に入りつつも全体の様子には注意を払い、担任としての役割を忘れないようにしましょう。

長期休暇も離れない

　担任しているクラスの生徒と１年間のうちで顔を合わすことのない時期が２回あります。夏休みと冬休みです。この２回の長期休業の間にみなさんは生徒と関わりをもっているでしょうか。私は夏休みには暑中見舞いを、冬休みには年賀状を出すことが多いです。そう聞くと、お金と手間の心配をされる先生方がいらっしゃると思います。しかし、方法によっては負担も少しで済ませることが可能なので、ぜひ取り組んでみてほしいと思っています。

　まず、お金のことについてです。郵便局が行っている「手紙の書き方体験授業」の取り組みについてご存知でしょうか。毎年国語科の教員のもとに案内が届いているはずです。この取り組みを活用すれば生徒一人につき１枚の通常はがきと年賀はがきを郵便局からいただくことができます（2022年６月現在）。

　ただし、この場合いただいたはがきを私が使ってはいけません。取り組みの意図から外れてしまうからです。この取り組みを活用させてもらう場合は、生徒同士のやりとりを基本とします。流れは次の通りです。

①はがきを生徒に配布する

②はがきの宛名に自分の家の住所と名前を書かせる

③はがきを回収してランダムに再度配布する

④はがきのあて名の差出人の部分と裏面の文章を書かせる

　（個人情報保護の観点から差出人の住所は学校の住所を書かせてもよい）

⑤はがきを回収する

　クラスの実態によっては③のランダムに配布するところを、自分たちで交換する方法に変えた方がよいクラスもあります。どちらの方法であっても、全員に１枚のはがきを書く体験をさせることができます。そして、回収することによって、教師も生徒に向けたメッセージを一言書き添えさせてもらうことができ、教師がポストに投函するので、生徒による投函忘れも防ぐことができるのです。この方法であれば、他人の住所を書いたはがきを生徒に渡すことになる点は注意が必要ですが、生徒の学びも保障しつつ、教師の負担も最小限ではがきを届けることが

できます。

　お金も手間も負担が大きくなりますが、はがきを自費で購入して内容をすべて自筆する方法もあります。こちらの方が生徒一人ひとりに伝えたいことを十分に書くことができます。私は時間的余裕がある場合はこちらの方法をとるようにしています。この場合、生徒によっては書く内容に困る先生がいらっしゃるかもしれません。そこでおすすめしたいのが、三者懇談会の内容をメモしておくことです。長期休業の前には保護者・生徒・担任の三者懇談会が行われることが多いと思います。そこでは前学期の成長や反省に加えて、休業中の過ごし方についても話すことがあるのではないでしょうか。その内容をはがきに書くことで、休業中の過ごし方をもう一度意識させることができます。三者懇談会で話して終わりにするのではなく、はがきを使うことでその後のフォローをすることもでき、一石二鳥です。

　もちろんはがきだけではなく、電話や家庭訪問もあります。部活動の練習を見に行くのもよいでしょう。特に気になる生徒とは直接のやりとりをした方がよいでしょう。学期と学期をつなげるため、

長期休業中も生徒と関わる機会

をもちましょう。

保護者「対応」とは言うけれど

　直接関わる方法以外でも、間接的に生徒とつながる方法があります。それは、保護者とつながることです。保護者とよい関係を築ければ、保護者を介して生徒との関係を強化することができます。今まで担任した中で一番大変だった女子生徒とうまく関係性を保てたのは、その生徒の母親が本人に「今年の担任はええな」と言ってくれたからでした。では、保護者の方とどうやってつながればよいのでしょうか。

　まずは、知ってもらうことが大切です。そのために有効なのが、学級通信です。学級通信では学級の様子や生徒のがんばり、担任としての考えを発信します。中学生になると家での会話が減る生徒が増えてきます。保護者の中には担任がどんな人なのか、我が子は学校でどんな様子なのかがまったくわからず、不安な状態の方もいらっしゃいます。実際に、「通信を出してくれるとどんな様子なのかがわかってありがたい」というお言葉をもらうことも少なくありません。また、「中学校ではなかなか学級通信がもらえないので嬉しいです」と言われることもしばしばあります。通信を出すだけで保護者の方が担任を好意的にとらえてくれる場合もあります。また、学級通信は生徒のがんばりをご家庭に届けるツールにもなります。我が子のがんばりを知った保護者の方が子どもをほめてくれたら最高です。生徒はほめられて嬉しい。保護者は我が子のがんばりを知ることができて嬉しい。その結果、生徒と保護者が教師に対して好意的になれば、教師も嬉しい結果となります。

　とはいえ、学級通信を出すのが難しいと感じる方も多いと思います。学級通信を出すコツには次のようなものがあると私は考えています。
①写真やイラストを使う
②生徒の書いた文章や絵を使う
③授業のポイントを書く

　学級通信を出し始めたころの私は文章だけで構成していましたが、写真がある方が保護者の方にも学級の雰囲気や様子が伝わりやすいと感じてからは写真を多用しています。写真がないときはフリー素材のイラストを使うなどして見やすい紙面を意識しています。また、私の文章だけではなく、生徒の文章をよく使いま

す。行事などの感想や日記の文章を活用することで、時間も手間も節約することができます。ときには、「〇組似顔絵選手権」として、生徒全員の絵を掲載したこともあります。それでも書くネタに困った場合は授業の様子について書きます。生徒のがんばりを取り上げやすいのでおススメです。

　さて、もう一つ紹介したいのが一筆箋です。保護者の方に生徒のよさやがんばりを伝えたいと思っても、学級通信で紹介するほどでもない、かといって電話はなかなかハードルが高いと感じることがあると思います。働かれている保護者の方も多いので、つながらなかったときのことを考えると、わざわざ折り返しの電話をいただくのも気が引けてしまいます（どうしても必要な事務連絡の際も、用件を伝えるだけで終えず一言でも生徒のがんばりを伝えることが有効です）。そこで、活躍するのが一筆箋です。教師も自分の都合のよいタイミングで書くことができ、なおかつ生徒に預けることで確実に保護者のもとに届けることができます。一筆箋は大変有効なツールです。

　生徒の成長は保護者の方と教師の共通した願いです。同じ願いをもつ者同士、保護者とは仲間になることが望ましいと考えます。そのためには、

教師から積極的に生徒のよさやがんばりなどを伝えていくこと

を大切にしていきたいものです。

他の先生方とつながる

　前ページで生徒の成長をともに願う仲間である保護者とつながることの大切さとその方法について書きました。しかし、よくよく周りを見れば、生徒の成長をともに願う仲間が他にもいることに気がつくはずです。それは同じ学校の先生方です。同僚の先生方とつながることは生徒によい影響を与えることにつながります。そして、そのために私は、同僚の先生方と生徒の話をすることが大切だと思っています。同じ学年の先生方や、自分が担任しているクラスの教科担任の先生方と生徒の話をしていますか。話をしているといっても馬鹿にしたり、愚痴を言ったりしているだけではまるで意味はありません。私が同僚の先生方との会話で心がけていることを書いていきます。

　まず、自分のクラスで起こった出来事や生徒のがんばりを同じ学年の先生方に伝えることです。たとえば、ある生徒が掃除を一生懸命がんばったとします。その場で私がほめるところまではよくあることですが、ここでとめてしまってはもったいないのです。他の先生方にぜひ伝えてください。もしその先生が生徒をほめてくれたなら、生徒のほめられる機会を増やすことができたことになります。そして、担任しか知らないはずの出来事でほめられると生徒は「担任が自分のがんばりを他の先生方に話してくれたのだ」と考えるはずです。これで担任に対する見方が肯定的なものに変わってくれたら担任にとってもプラスです。伝えた相手が校長先生ならさらに効果は大きくなります。ただ生徒のがんばりを他の先生方に伝えるだけで生徒との関係がよくなるのであれば、非常にコスパがよいと思いませんか。

　次に、自分のクラスの様子を教科担任の先生方がどう思っているかを聞くことです。「〇組の授業の様子はどうですか。迷惑をかけていませんか」と聞くようにしています。私の経験上、大体の先生は肯定的なコメントを返してくれるので、それをクラスに伝えます。学級通信で紹介することもあれば、口頭で伝えるときもあります。担任として自分のクラスと教科担任の先生の関係を良好なものにしていくために働きかけるのも大事なことだと思っています（教科担任の先生のが

んばりを自分のクラスの生徒たちに伝えるのも大切です）。

　ここまでは自分のクラスの生徒の話を他の先生方に伝えることでしたが、自分が他のクラスの生徒のがんばりなどをそのクラスの担任の先生に伝えることもまた大事です。「学級」経営と言っても、学年全体のことを見る必要があります。学年の中の一つの学級が苦しい状態になってしまうと、他の学級に影響が出るからです。教科担任制である中学校だからこそ学年全体のことを考えることも、学級経営の一部だと私は考えています。それだけでなく、私が他の学級の生徒のがんばりを伝えることで、他のクラスの担任の先生が、私の学級の生徒のがんばりを伝えてくれるお返しをねらっているというのも理由の一つです。互いの学級で互いが発見したがんばりを自分の学級で伝えることができれば、生徒と担任と教科担任の関係がどんどんよいものになっていくでしょう。何より、ここまで述べてきたような生徒を肯定的にとらえた内容の会話を増やしていきたいです。

生徒のよさやがんばりを認め、伝え合う関係

を同僚の先生方とつくっていきましょう。

アドラー心理学

　今まで知った考え方の中で私が最も衝撃を受けたのが「アドラー心理学」です。アドラー心理学を教育に取り入れた書籍はすでに何冊もあるので、知っている先生方も多いかもしれませんが、私の大好きな考え方なのでここでも紹介させていただきます。アドラー心理学の特徴として今回取り上げたいのは「目的論」と「課題の分離」です。

　「目的論」は先のcolumnに取り上げた「応用行動分析学」とも似ていますが、応用行動分析学は行動に着目しているのに対し、アドラー心理学の目的論は、行動以外にも考えが表れているというちがいがあります。有名なのが、トラウマについての考え方です。「トラウマがあるから～できない」と考えるのではなく、「～をしないために自分でトラウマをつくっている」と考えるのです。

　「課題の分離」とは、自分の課題と他人の課題を分けて考えることです。私が生徒に「勉強しなさい」と言うのは、アドラー心理学では他人の課題に踏み込む行為としてやってはならないことにあたります。一見冷たいように見えますが、言ったところで行動するかはその生徒次第です。やらない生徒を見てイライラするくらいなら、勉強したくなる楽しい授業を考えるなど、自分の課題を考える方が有意義だと私は思います。

　「賞罰教育の否定」など他にもアドラー心理学には教育に生かせる考え方がたくさんあります。もっと知りたい方は、赤坂真二氏の書籍がおすすめです。『アドラー心理学で変わる 学級経営　勇気づけのクラスづくり』明治図書出版（2019）などがあります。

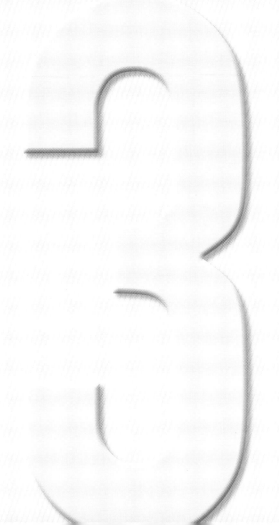

第 三 章

一人ひとりを満たすため
の個へのアプローチ

情報源はたくさんある

　以前、同僚の国語科の先生と同じ小説を読んだときに評価がはっきり分かれたことがありました。私にとってはあまり魅力的ではない小説でしたが、同僚の国語科の先生は高く評価していました。話をしていると、どうやら私はストーリー重視であるのに対し、同僚の国語科の先生は表現重視だというちがいがあることがわかりました。その人がどこを見るか、何を重視しているかによって評価が変わったのです。

　第一章に生徒とよい関係をつくるために生徒を多面的にとらえることの必要性について書きました。そこでは、生徒が見せる姿が変わることについて書きましたが、見る人の見方によってもとらえ方は大きく変わります。だから、周りの人と協力した方が間違いなく生徒を多面的にとらえやすくなるのです。

　私はここ数年学年をもち上がることなく、連続して飛び込みでの中学3年生を担任しているため、周りの先生方に生徒についての質問をすることが増えています。他の先生方の方が私よりはるかに生徒の情報をもっている状況だからです。過去に生徒指導に関わることとしてどんな出来事があったか、誰とどのようなトラブルを経験しているか、このようなことを把握していれば、関わり方が変わってきます。また、「この生徒って去年どんな様子でしたか」「私は○○な生徒だと思っているんですけど、先生どう思いますか」と質問することも多いです。すると、「昨年度もそんな感じでした」という返答もあれば、「昨年度に比べるとがんばっていますよ」と嬉しい返答が得られることもあります。

　保護者の方にも協力してもらいます。みなさんは家庭訪問ではどのようなことをお話しされますか。私は話すよりも聞かせてもらうことを意識しています。特に、子どものよいところ、家での様子、進級してからの変化について聞くようにしています。保護者の方から教えてもらった情報が生徒との会話に生かされることもあります。せっかくの機会なので、私たち教員では見えない部分を教えてもらうのがよいでしょう。

　さらに、外部機関とも連絡をとります。今まで医療との連携で連絡を取る機会

はありませんでしたが、不登校生徒のための適応指導教室とは連絡をとってきました。日常的に連絡を取り合うことが難しくても、月1回や学期ごとにはそこでの生徒の様子などを教えてもらうために連絡をとるのがよいと思います。担任と外部機関の連携が取れていることが伝われば、生徒と保護者の方も気にかけてもらえていると感じ、安心できるはずです。

　最後に、忘れてはならないのが生徒からの情報です。生徒同士だから見えていること、知っていることがあります。担任と生徒の二者で行う教育相談の場では、いつも最後に「クラスや部活の仲間で最近様子が心配だと思う人はいない？」と聞くようにしています。もっと踏み込んで「○○のことが先生はちょっと気になっているんだけど」と聞くこともあります。そうすると、「最近ちょっとAのBに対するいじりがきつくなっている気がします」と教えてくれる生徒も出てきます。生徒と生徒の話をすることで有益な情報が手に入ることがあります。

　どれだけの情報をもっているかで指導方針、関わり方が変わります。まずは、知ることが大切です。そのためには、

様々な人たちから教えてもらう

ことが有効です。いろんな人にたくさん聞くことをおすすめします。

好きになろうとするから好きになる

　生徒一人ひとりとうまく関係をつくりたいという願いをもった先生はたくさんいらっしゃると思いますが、正直に言うと「苦手だと感じる生徒」もいるのではないでしょうか。私はそれを悪いことだとは思いません。人間同士の付き合いなので、それは一定仕方のないことだと思っています。しかし、仕方ないで済ますのは問題です。「あいつは無理だ」「もう知らない」とシャットダウンしてしまってはいけません。「苦手だと感じる生徒」に対しての向き合い方を考えること、「もう知らない」と思ってしまうような生徒にも根気強く関わっていくこと、これらが関係づくりを左右する重要なポイントだからです。

　私はここであえて「苦手な生徒」ではなく「苦手だと感じる生徒」と記述しています。「苦手な生徒」と決まっている生徒はいないからです。ある生徒を苦手だと感じるのは、何かの言動を見て苦手だと感じ、そう判断しているからに過ぎません。そして、もし教師の苦手感が生徒に伝わってしまったら最悪です。他者から期待されていないと感じるとパフォーマンスが下がる、ゴーレム効果が働いてしまうかもしれません。

　これでは、生徒一人ひとりを満たしていくことはできません。そこで私がおすすめしたいのが「よいところ探し」です。これには、「よいところがないから苦手に思うんだ」という反論があると思いますが、そうではありません。一度苦手だと感じた生徒だからこそ余計に苦手に感じる部分がよく目につくようになってしまっているのです。その生徒が苦手に見える「眼鏡」がかかってしまっているのです。だから、この眼鏡を外していかなければなりません。そのために効果的なのがよいところ探しなのです。

　まず、一歩目は自分に眼鏡がかかっていることを自覚することです。苦手だと感じる生徒がいる場合、「あ、自分はこの生徒が苦手に見える眼鏡がかかっているかもしれないな」と思うようにしましょう。

　次に、この生徒のよいところを見つけようと意識することです。意識しなくてもよいところが見つかるなら、最初から苦手だと感じることはないはずです。苦手だと感じてしまうような生徒だから意識してよいところを見つけようとする必要があります。24時間年中無休でずっと自分にとって苦手である生徒はいません。

見ようとするから見えてくるよいところが必ずあります。

　また、どうしても自分で眼鏡を外せない場合は、同僚の先生に「自分は○○の
ことが苦手なのですが、先生はどう思っていますか」と聞いてみるとよいでしょ
う。自分が苦手だと感じている生徒でも、他の先生方から見ればまったく苦手で
はない場合も多々あります。他の先生の見方を知ることで自分の眼鏡を外すこと
ができるかもしれません。

　最後に、リフレーミングという考え方を紹介します。これは対象をとらえる枠
組を変えることです。教育現場でもよく使われる考え方です。たとえば、「落
ち着きがない」は「元気がある」、「優柔不断」は「慎重」。このようにネガティ
ブにとらえられることをポジティブにとらえ直す方法です。しかし、これだけで
は実際に生徒の印象が変わらない場合もあります。だから私は、「この生徒との
関係をうまくつくれれば自分の幅が広がるぞ」「この生徒を肯定的に見ることが
できれば自分も教師としてレベルアップできる」と自分の枠組みを変えるのです。
苦手だと感じる生徒との出会いに感謝するのです。

苦手だと感じる生徒の存在を大切にすること

　これが生徒一人ひとりを満たしていくために大切なアプローチの一つです。

全員にえこひいきしよう

「えこひいき」

これは生徒たちが最も嫌うことの一つです。先生方は胸を張ってえこひいきをしていないと言えるでしょうか。私はというと、しっかりえこひいきをしています。私はえこひいきをしてもいいと思っています。

なぜかというと、生徒は一人ひとり発達段階も性格もちがうからです。それぞれが異なる存在ですから、私の対応が全員同じになるはずがありません。それぞれが抱える課題もちがうのでかける言葉も変わって当然です。だから、生徒一人ひとりに応じた関わり方、つまり、えこひいきが必要だと考えています。私はえこひいきしないことではなく、

全員をえこひいきすること

を目指しています。平等ではなく公平な対応が必要だと思っています。

掃除の場面で考えてみます。私が担任した生徒で中学３年生になって初めて学校でほうきを持ったという生徒がいました。掃除したときはものすごく喜んで、たくさんのほめ言葉をかけました。この生徒にとって掃除をしたことは価値あることだったからです。しかし、普段から真面目に掃除している生徒にはときおり「ありがとう」とねぎらいの言葉をかけますが、毎回ほめ言葉をかけるわけではありません。その生徒たちは掃除ができる生徒だとわかっており、伸びしろはそこではないからです。

授業でも同じです。落ち着いて授業を受けることに課題がある生徒と、周りの生徒への対応は変わるはずです。一律に対応していれば、授業が成立しません。今はとにかく少しでもノートに意見を書くことができれば合格だと思える生徒から、十分に自分の意見を書くことができてほしい生徒まで、求める到達地点はばらばらのはずです。

このように、ほめるポイントが人によってちがいます。当然、叱るポイントもちがうでしょう。性格によってどう関わっていくかも異なります。これは必要な

えこひいきです。平等な対応こそが不平等です。

　そして、これを生徒に伝えておくことも大切だと思います。

　「先生は一人ひとりに応じて関わり方を変えます。その人に必要だと思う関わり方をします。もし、それがよくないえこひいきだと感じたら先生に言いに来てください」

　私はこのように生徒には伝えています。

　ただし、やってはいけないえこひいきもあります。たとえば、挨拶。ある生徒には挨拶をするのに、挨拶をしない生徒がいる。すべきことを人によってやったりやらなかったりするのはやってはいけないえこひいきです。また、比較もしてはいけません。よい見本として取り上げるのは構いませんが、「○○はできているのに」なんて一人だけを取り上げて、その他を貶めるような言葉かけは絶対にNGです。その生徒と他の生徒の間に溝ができてしまいます。

　私は、年度終わりの最後の日、黒板に一人ひとりに向けた一言メッセージを書くようにしています。このとき、生徒一人ひとりにその子だけの特別なエピソード、つまり、えこひいきエピソードがあるかどうかで自分が全員をえこひいきすることができたどうかを確認しています。

　一人ひとりを満たすためには一人ひとりに応じた対応が必要です。えこひいきをおそれず、むしろえこひいきを大切に生徒と関わっていきましょう。

「普通」の生徒にもっと意識を

　みなさんにやっていただきたいことがあります。担任している生徒全員の名前を思い出してください。ただし、出席番号順などではなく、ランダムになるようにしてください。人数が多いと誰を思い出したか忘れてしまうかもしれないので、面倒ですが紙に書いていただいた方がわかりやすいと思います。

　さて、思い出せたでしょうか。この作業をしてもらったのは、誰の名前が先に思い出されて、誰の名前が思い出しにくかったかを体感してもらうためです。思い出すのが早かった生徒は、みなさんにとって普段から関心が強い生徒だと言えます。そして、その生徒たちは大体課題を抱えた生徒たちであることが多いです。つまり、私は

教師はやんちゃな子や、気になる子に目が向き過ぎているのではないか

と思っています。実際に思い出した順番を確認してみると、早い段階で思い出された生徒は、手のかかる生徒や自分との関わりが強い生徒になっていませんか。反対に、なかなか思い出せなかったり、思い出した順番が最後の方だったりした生徒は、みなさんにとって手のかかる感覚がない生徒ではないでしょうか。他の生徒に比べて関わりが少ない生徒ではないでしょうか。

　私は関心の差が出ていること自体に問題があるとは言いません。ただし、それに無自覚であり続けると、一部への生徒への関わりが少ないまま１年を終えることになってしまいます。だから少なくとも１か月に一度くらいは生徒たちの名前を思い出し、自分が今誰に関心が強いのか、誰に対する関心が薄いのかをチェックしてみてください。そして、名前を思い出しにくかった生徒の存在を大切にして、関わりを増やしていってほしいと思います。

　私がこのような考えをもつきっかけになったのは『鈴木先生』というドラマを見たことでした。このドラマの中で、私たち教師は思っている以上に手のかからない生徒の存在に助けられているという内容があったのです。これをきっかけに、

大きな課題を抱える生徒をどうにかしようと考えているうちに、真面目で大人しい生徒たちとの関わりを後回しにしてきたのではないかと思うようになりました。実際に私はそうなっていたと思います。掃除をしていない生徒に掃除をさせることに躍起になって、いつも何も言わなくても真面目に掃除に取り組んでくれる生徒の存在を蔑ろにしてきてしまった自分に気がつきました。きちんとしている生徒をしっかりと評価することもまた大切なことです。

　「どんな生徒も大切にする」という言葉を聞いたとき、私たち教師は真っ先に「大切にされにくい手のかかる生徒を大切にしよう」と考えてしまってはいないでしょうか。「どんな生徒も」という言葉には「大切にされにくい生徒たちも」という意味を強く感じてしまいがちですが、その存在に意識が向きすぎて「普通の生徒」への関わりが少なくなっているように思います。

　名前を思い出すことで、「普通の生徒」として意識が向きにくくなってしまっている生徒がいないかを確認していきましょう。

1対1の時間をつくる

　第一章で中学生は周りからどう見られるかを意識し始めると書きました。そのため、仲間の前では強がった姿勢を見せたりする中学生一人ひとりと本音の交流をするためには、

1対1の状況をつくること

が効果的です。

　第一章のp.10でも紹介した生徒T。この生徒との関係づくりの始まりは1冊のノートでした。学級開きの日、教室に入ることのなかったTには日記用のノートを渡すことができなかったので、その日の放課後に私からT宛てのメッセージを書き、次の日に渡しました。「何も書かなくてもいいから、毎日このノートは持ってきてほしい」そうお願いしました。なんとか言葉を届ける手段を確保したかったからです。「昨年から仲間思いのいい生徒だと思っていたよ」「今日も来てくれてありがとう」「○○先生も喜んでいたよ」最初はこのような私からの励ましのメッセージばかりが並びました。それでもほとんど毎日ノートを持ってきてくれました。その後、Tは「わかった」「ありがとう」「授業受けた方がいいとは思ってる」など一言二言返事を書いてくれるようになりました。

　教室で学習する時間が増えてきてからノートでのやり取りはなくなりましたが、このやりとりには意味があったと感じています。ノートの中だからこそ他の生徒の前ではできないやりとりもできました。Tのお母さんから「嬉しそうにノート読んでいます。見せてくれないんですけど」と教えてもらうこともありました。2人だけのやりとりであることがよかったのだと思っています。

　他にも1対1の時間をつくることができます。たとえば、教育相談です。学期に1回程度、生徒一人ひとりと話すことができる時間です。これは教師が意図していなくても、1対1で話す機会が確保されています。普段の大多数の前ではできないコミュニケーションが取れるので、様々なことを自己開示してくれる生徒がいます。先生方は生徒から恋愛相談をされることはありますか。このような話

も1対1だからこそできるコミュニケーションです。私は生徒にとって恋愛相談できるような先生でありたいと思っています。

　次に、家庭訪問です。不登校の生徒、休みがちな生徒と話すのは家庭訪問が一番です。対面でのコミュニケーションに勝るものはないからです。私はよく家に行って話をします。長いときは1時間を超えて話をします。ゲームや好きな食べ物の話など雑談も多いですが、話しているうちに学校生活でしんどかったことや学校に行きたくない理由がぽろっと吐き出されることがあります。家族関係での辛さを話してくれた生徒もいます。なぜ話してくれたのかは正直わかりませんが、話せる機会があったことが一番の理由だと考えています。

　話したいと思える相手になることも大切ですが、話したいことを話せる機会をつくることも大切です。むしろ、機会をつくる方が大切かもしれません。信頼関係ができていたとしても話せる機会がなければ話はできませんが、信頼関係が不十分だったとしても話せる機会があれば話してみようかなと思ってくれるかもしれないからです。元来、人は聞いてほしい思いが強いものです。その思いを叶えてあげられる機会をつくっていきましょう。

プラスのレッテルの貼り方

　レッテルという言葉を聞くと、次に続く言葉は何を思い浮かべますか。おそらく「貼る」という言葉ではないでしょうか。そして、レッテルを貼ることを悪い行為だととらえていることが多いと思いますが、私のとらえ方はちがいます。私はレッテルを貼るというのは、生徒自身にプラス面があると思い込ませたり、新しい側面を引き出したりする行為だと考えています。

　私が貼るレッテルの一つに「〜しようとしている」というものがあります。これは、内面にプラスの気持ちがあることをこちらから決めつけることです。たとえば、生徒指導の場面として、トラブルでキレてしまい、「絶対あいつ殴る」とヒートアップしてしまった生徒がいたとします。ここで私は「落ち着け」とは言わず、「殴りたくなるほど怒ってるんだね。でも、私には○○が落ち着こうとしているように見えるよ」と言います。落ち着こうとする気持ちがあるようにこちらから決めつけてしまうのです。落ち着けと命令するよりかは意味がある声かけだと思っています。授業では、そう見えなくても「だんだんやる気出てきたね」と言うことがあります。「やる気出てきているのかも」と生徒に錯覚させることがねらいです。

　他にも、「あなたが変わろうと思っていることを先生はわかっているからね」と「成長しようとしている」というレッテルを貼ることもあります。特に、課題をもっている生徒ほど変わろう、変わりたいという気持ちをもっているものです。その気持ちがあることを理解し、支えていく姿勢を見せていきましょう。

　もっと簡単に内面にプラスな部分をもっていることを決めつけるとっておきの言葉があります。それは「根は優しい人だってわかっているよ」です。「根は」という言葉は非常に便利なので、ぜひ使ってみてください。

　また、「自分は不器用だから」と自分で自分に否定的なレッテルを貼っている生徒もたくさんいます。このような生徒にかけたい言葉は「あなたはそう思っているんだね。私はそうは思わないけれど」です。これは、否定的なレッテルは自分の思い込みであることを伝える言葉です。そして、可能であれば、「だって不

器用だったらこんなにきれいな掲示物をつくれないと思うけど」と事実を取り上げて、否定的なレッテルを剥がしてあげるとよいです。すぐに納得してくれるわけではありませんが、何度も繰り返すことでレッテルの上書きができるはずです。

　さらに、真面目な優等生キャラの男子生徒を前に引っ張り出し、馬鹿をさせることもあります。たとえば、普段からふざけることが得意な生徒が何か面白いことをした場面で、「○○もやってみる？」と無茶ぶりをするのです。1回目でやる生徒は少ないですが、何回も振ってみると、一発芸やモノマネを披露してくれる生徒が出てきます。普段見られない姿が見られてクラスも盛り上がります。ただし、無理強いはしません。まんざらでもなさそうな場合や、信頼関係ができている場合は、みんなで拍手をして雰囲気をつくることもありますが、少しでも嫌がるそぶりが見られたらすぐにやめます。やってくれた場合も「よくやってくれたね」という賞賛やフォローは欠かしません。こう書くとリスクが多いように感じますが、これで一皮むけたと感じる生徒が出てくるのも事実です。

生徒に錯覚させる

　これがレッテルを貼るという行為の目的です。「そうかもしれない」「できるかもしれない」と思わせていきましょう。

大事なのは頻度

　授業中の机間指導、これには鉄則があります。それは、一人に時間をかけ過ぎないことです。一人に対応する時間が長くなると、他の生徒を見る時間がなくなってしまい、全体を把握することができなくなってしまうからです。だから、気になる子がいれば一度短く声をかけ、他の生徒たちを見てからもう一度様子を見に行きます。必要であれば、再度声をかけて他の生徒のところに行きます。つまり、机間指導の鉄則は、一人にかける時間は短くても、何度も対応することです。

短く何度も対応する

　これは机間指導以外でも大切です。

　教室で生徒と会話することでも同じことが言えます。一人の生徒と月曜日に15分話したとします。しかし、その１週間は月曜日以外にほとんどその生徒と話をしなかったとすればどうでしょう。極端な例ですが、これに比べると１日に３分でも毎日話をした方がよいと思いませんか。

　スポーツでも１日に10時間練習するだけよりも、２時間を５日に分ける方が効果的だと思います。１日に１回食べ放題で３食分を食べるよりも、１日に３食適度な量を食べる方が満たされます。一定満足できるレベルを何度も繰り返すことの方が効果も満足感も高くなるのです。

　また、なかなか反応が返ってこない生徒や嫌われていると感じる生徒への対応のポイントも同じです。このような生徒に最初から会話のやり取りを求めてもうまくいきません。話しかけてもよい反応が返ってこなければ、教師にとっても生徒にとっても失敗したような嫌な気持になります。嫌われている生徒にはさらに嫌われてしまうこともよくあります。だから、このような生徒への対応は、一言の声かけを繰り返すことが大切です。「○○、おはよう」「今日の授業の取り組みよかったよ」と返答を求めず、とにかく一言でいいので声をかけることです。反応が返ってこなかったり、嫌われていると感じたりしているからといって声をかけなければ、関係が改善されることはありません。かといって、やりとりを続け

るのも難しいので、短く・声かける関わりの数を多くもつのです。こうすることで少しずつよい関係をつくっていくことが大切だと私は考えています。

　指導場面でも同じです。指導したいことは何度も言い続けることが大切です。このことについて、私には思い出深い生徒がいます。中学３年間教科担任を担当し、学級担任も２回担当した生徒です。力をもっているにもかかわらず、努力することを放棄し、ふざけてごまかそうとする生徒でした。その生徒にはことあるごとに、「私はあなたに力があることを知っているよ。応援しているからね」と伝えてきました。その生徒は志望校への進学はできませんでしたが、高校進学後「この高校で中学校のころよりも勉強をがんばって大学に行きます」という手紙が届きました。一度一生懸命話をしたからといって生徒に伝わるかどうかはわからない、むしろ伝わる可能性は低いと思います。１回言って生徒が変われるのであれば私たちは苦労しません。また、１回よくなったと思っても元の状態に戻ることもしばしばです。いったりきたりがあって当然です。そこで「前に言ったのに」「何回言えばわかるんだ」と諦めることなく何度も伝え続けること、これが大事なのです。

　粘り強く指導することは大切だとよく言われますが、ここでいう粘り強さとは、一度の長さのことではありません。頻度のことです。何回も何回も関わる、これによって生徒に伝わるものがあるのです。

ほめるとは
アメではなく、認めること

　教師をしている人ならば、ほとんどの方がほめることは大切だと考えられているでしょう。しかし、その重要性を理解していても、ほめればいいと考えるだけで、どうほめるのかについて考えてみたことはあまりないのではないでしょうか。ここで質問をさせてください。あなたはどのようにしてほめていることが多いですか。ほめ方にレパートリーはありますか。いつも同じようにほめていては生徒も慣れてきてしまいます。また、ほめるとは決して行為自体や行為の結果を賞賛するだけのものではありません。いくつか紹介するので、使ったことがなかったものがあればぜひ使ってみてください。

　1つ目、感謝の言葉「ありがとう」です。これはほめ言葉なのかと疑問に思われるかもしれませんが、「ありがとう」は相手の存在を認める重要な言葉です。「あなたがいてくれてよかった」「あなたのおかげで助かった」。このように自分の存在を認めてもらうことほど嬉しいことはありません。「ありがとう」は重要なほめ言葉です。しかも、「ありがとう」は非常に使いやすいです。「○○、それ取ってくれない？」「ありがとう」。すぐに使えます。「窓閉めてくれてありがとう」とまだやっていないことに対して先に「ありがとう」を伝え、実際にやってくれたら「やってくれると思いました。ありがとう」と伝える方法もあります。

　2つ目は、事実を伝えることです。「いつも黒板をきれいにしてくれているね」「こんなところまで掃除してくれたんだね」。このように事実を伝えるだけでも、あなたのことを見ているというメッセージを伝えることができます。また、「なんでそんなにうまくおかずをよそえるの？」「なんでそんなに黒板をきれいにできるの？」と質問する方法もあります。もしコツを教えてもらえれば、周りの生徒にも伝えることができて一石二鳥です。

　3つ目、身体を使ったほめ方です。たとえば、目を合わせてニコっと笑うこと。これも相手をほめることになります。手でグットポーズをするのもよい方法です。これらの方法は全体の場でこっそり一人をほめる場合や、ほめ言葉が届かない距離にいる場合に使います。このこっそり感が特別感を高め、効果を高めます。言

第三章　一人ひとりを満たすための個へのアプローチ
葉を使わないほめ方も意識して使っていきましょう。

　４つ目は、価値づけることです。聞く姿勢のよい生徒がいたとします。このとき「あなたの聞く姿勢はとてもいいですね」とほめることが多いと思います。これでも他の生徒が「そうか、あの姿勢がよい姿勢なのか」と思い、よい行動が広がっていく効果があります。しかし、これではなぜその姿勢がよいことなのかがわかりません。「あなたの聞く姿勢はとてもいいですね」のあとに「話していてとても気持ちがいいです」「とても話しやすくて助かります」など、聞く姿勢がよいことにどのような価値があるかを語る必要があります。同じように、「あなたが一生懸命掃除をしてくれたから他の人もがんばろうと思えたと思うよ」と他の人への影響を伝えることも大切です。ほめられるために動くのではなく、よい行動の価値や他者への貢献を理解し、自ら動くことのできる生徒になってほしいと思っています。

　ここまでの内容をまとめると、ほめるには

存在や行動を認め、価値づける

というやり方があると言えます。ほめるとは、自己肯定感や自己有用感を高めるために働きかけることです。生徒のためになるほめ方をしていきましょう。

叱ってもいい

「結局先生は何をしたら怒るかわかりませんでした」

3月の卒業のときにある生徒に言われた言葉です。私は不思議に思いました。何回か生徒たち全員を「叱った」ことがあったからです。そこで、私の叱り方は生徒にとって「怒る」という行為に当てはまらなかったのだと気づきました。私にとって叱るとは「間違っているよ、よくないよ」と伝えることであり、声を荒げたりすることがなかったので生徒からすれば「怒った」とはならなかったのだと考えました。

この言葉を発した生徒とは次のようなエピソードがあります。コロナ禍に陥り、お昼ご飯を自席で黙って食べるようになったときのことです。その生徒はルールを破り、仲のよい生徒の近くの欠席者の机に勝手に移動していたのです。このとき、みなさんならどうしますか。私は笑顔でその生徒のお弁当をその生徒の本来の席に戻しました。すると、その生徒は「それは困る」と笑いながら自席に戻りました。そして、後からその生徒個人にもクラス全体にもなぜ黙食をするのかの理由を丁寧に話しました。

この対応はみなさんからすると甘い対応かもしれません。しかし、これも「あなたの行動は間違っているよ」と伝えているという点で私にとっては叱る対応です。それほど感染症が流行している地域でもなかったため、きつく叱ることではないと判断し、また、その場できつく叱って昼食の雰囲気が悪くなってしまうことを懸念しました。この対応がベストだったかはわかりませんが、叱る場面でも可能な限りユーモアのある対応をしたいと考えています。

もっと言えば、叱る場面を無視することもあります。「叱る場面=叱らなければならない」ではないと考えています。逐一叱っているとクラスの雰囲気が重たくなり、生徒たちも叱られるからやるようになってしまうからです。さらに、一旦無視することが功を奏すこともあります。たとえば掃除の場面。真剣に掃除をしていない生徒がいたとします。ほうきの持ち方が悪いとき、一旦見逃します。すると、ほうきの持ち方がよくなるときがきます。このときに「さっきほうきの持ち方がよくなかったから注意しようと思ったけれど、今はばっちりだね」と伝えたいことをあたかもほめたかのように伝えることができます。逐一叱るよりも

こちらの方が雰囲気も生徒との関係もよくなります。

　当然、厳しく叱る場面もあります。その際に気をつけていることが2つあります。1つは「生徒ができないこと」を叱っていないかです。できないことを叱っても仕方ありません。その際は正しい行動や方法を「教えること」が大事です。もう1つは、声を荒げず淡々と話すことです。声を荒げるなど怖さを前面に押し出してしまうと、そちらに気をとられてしまい、話の内容が理解しにくくなる生徒がいます。私たちが叱る目的は、

生徒がよい行動をとれるようになること

でしょう。叱ることが目的ではなく、なぜダメなのか、どうすればよいのかを理解させることが目的です。そのためにも、わからないことであれば教えること、淡々と伝えることが大事です。さらに、叱った後のフォローも欠かせません。その後の行動がよくなったのであれば「それでいいんだ」と認めることが必要不可欠です。

　そもそも、叱ることに対して、必要が「ある」という人と、「ない」という人がいます。けれど簡単に二分できることではありません。しっかりと伝わる叱り方があるのではないか、叱らなくても伝えられる方法がないかを考えることで、指導の幅も広がります。目の前の生徒に一番伝わりやすい方法を考えていきましょう。

「聞かせる」ではなく「聞きたくなる」

　中学校では「毅然とした態度で対応することが大切です」とよく言われます。しかし、教師になりたてのころの私は、この「毅然とした態度」がどのような態度なのかがよくわかりませんでした。そして、そのようなときに先輩の先生方から「厳しくしないから生徒に舐められるんだ」「最初にガツンと言っといた方がいいよ」と言われたことで、私は毅然とした態度とは厳しく指導し、こわさをもつことだと勘違いを起こしてしまいました。私と同じように、舐められないためにも厳しく指導することが大切だと考えるようになってしまった人も多いのではないでしょうか。

　「厳しくしないから生徒に舐められる」

　ここには厳しい指導（毅然とした態度）をしないから舐められるという論理が成り立っています。しかし、これはおかしいことです。そもそも生徒に舐められるとはどんな状態のことを表すのでしょうか。生徒にタメ口を使われることでしょうか。生徒にニックネームで呼ばれることでしょうか。生徒にいじられることでしょうか。そうだとすれば、私は完全に舐められています。しかし、舐められるとはこのような形式だけで判断するものではありません。タメ口やニックネーム、いじりは舐めた行動として考えられる場合もありますが、親しみからの行動だとも考えられるからです。問題は内面の状態です。舐められる状態とは真逆の舐められていない理想の姿を考えれば簡単です。こわがられている状態では決してなく、尊敬されている状態です。だから、舐められるとは尊敬や信頼の気持ちがない状態のことだと私は考えています。尊敬されていなければタメ口やニックネームで呼ばれてしまうので、因果関係がひっくり返ってしまい、タメ口やニックネームが舐められることの表れとして考えられてしまったのでしょう。

　では、舐められる原因は厳しい指導（毅然とした態度）をしていないことなのでしょうか。そうではありません。厳しくしていることがかえって器の小ささなどを表すことになり、尊敬されなくなってしまうこともあるからです。つまり、毅然とした態度とは厳しさのことではありません。ぶれないことです。ぶれない

とは、ダメなことはダメ、大切なことは大切にするように、信念が揺らがないことです。それが生徒からの信頼や尊敬を得ることにつながるのです。

　それに対して、相手や場合によって判断がコロコロ変わってしまうようなぶれる人、そもそもこのような判断をするための考えや信念をもっていない人は信頼も尊敬もされません。これが舐められることになるのです。

　私は年度初めに「人の幸せを犠牲にして幸せになること」「自分の可能性を放棄すること」この２つは許さないと生徒に話します。ここは譲りません。むやみやたらに厳しく威圧するような態度をとるのではなく、

ここは絶対に譲らないという姿勢を見せること

が毅然とした態度であると今は考えています。

　みなさんは絶対にダメだと譲れないこと、絶対にこれは大切だと譲れないことはなんですか。これを明確にもち、貫きましょう。こわさや権力によって従わせるような指導では生徒に言うことを聞かせることはできても、心の通ったやりとりはできません。言うことを聞かせる先生ではなく、言うことを聞きたくなる先生を私は目指しています。

相手ではなく、こちら側を変える

　みなさんの学校では、教室にチョークは置かれたままになっていますか。私の前任校では教室にチョークを置いてこないということになりました。置いておくと生徒たちが勝手にチョークを使って落書きをして遊んでしまうからです。私は落書きくらいしてもいいと思っていますし、もしよくない落書きをするなど問題が起きてもそれを取り上げることで学ぶ機会になるとも思うので、チョークを教室に置いていても問題ないという考えをもっています。しかし、それに対してチョークがなければ問題も起きようがないからチョークを置かないようにした方がよいという考え方も理解できます。どちらかと言えば、私は置いておきたい派ですが、ここで取り上げたいのはどちらの方がよいかではなく、環境を変えることによって生徒との関わりが変わるということです。

　環境だけでなく、教師自身の考え方を変えることでも生徒との関わりが変わります。授業での話になりますが、たとえば提出物についてです。提出物を出すことが苦手な生徒はどのクラスにも必ずいると思いますが、みなさんはどのように関わっていますか。私の経験上、多くの先生方は「提出物は期限内に出すものであり、提出物を出さないのは生徒が悪い」と考えているように思います。私は少しちがいます。「提出物は期限内に出してほしいけれど、事情があれば仕方がない。提出物を出させられなかった私にも責任はある」と考えています。

　期限内に出すことの大切さを教えることは重要だと思います。しかし、それは授業の提出物で教えなければならないことでしょうか。授業での提出物は生徒の理解度や考えを把握するためのものです。提出したかどうかではなく、提出させたものの中身を私たちは評価するべきです。担任と教科担任で連携をとったり、進捗状況を確認したり、困っていることはないかを尋ねたり、私たちにももう少し出させる努力が必要なのだと思います。私たちも期限に間に合わないことがあります。忘れてしまうこともあります。それをやる気と結びつけられても苦しいのが実際です。こう考えると、生徒への関わりも変わるのではないでしょうか。私たち教師からすれば提出物を課すことは簡単なことですが、生徒はなかなか大

変です。提出物一つとっても教師の考え方次第で関わり方が変わるのです。

　他にも、時代の流れに合わせて変わってきたことがあります。たとえば、授業中に飲み物を飲むことです。私の前任校では禁止された行為でしたが、熱中症対策が強く意識されるようになってきたことによって現任校では認められています。私も前までは「授業中に飲み物を飲むなんて」という考えをもっていたので注意することもありましたが、今は「それで授業に集中できるならば」と考えが変わってきました。学校に教科書などを置いておく「置き勉」や、一人一台端末の時代になった今、タブレットの保管の仕方などの対応も学校規模の話ではありますが、教師の考え方次第で対応が変わります。

　何か問題が起きた場合や課題があると感じた場合であっても、環境や教師の考え方など

こちら側を変える

ことで生徒にとってよりベターな対応ができるかもしれません。相手を変えることは非常に難しいことです。その前に自分に変えられるところはないかを考え、自分を変えていくことが結果として相手を変えることにつながっていくのです。

生徒に質問する先生になる

　ある日の部活中、生徒が私のもとにやってきて「あの、すごくお腹痛いんです
けど」と言いました。私は「そして？」と聞きました。すると生徒は「トイレに
行ってきてもいいですか」と言ったので、私は「いってらっしゃい」と言いまし
た。これはものすごく顕著な例ですが、このように生徒は先生によく質問にきま
す。授業中にトイレに行きたい場合も同じです。生徒は「先生、トイレに行って
もいいですか」とよく聞いてきますが、ダメですと言えるものではありません。
これは、教師と生徒という関係性から生まれる質問だと思いますが、本来トイレ
に行くことに許可は必要ないはずです。こういう部分で上下関係をつくろうとす
るのは間違っていると私は思います。私は生徒たちに「トイレ行っていいですか
と聞かなくていいです。聞かれたところでダメですとは言えません。ただし、何
も声をかけずに教室を出て行かれたら心配なので、トイレに行きますと声をかけ
てから行くようにしてください。だからといって授業が始まってすぐにトイレに
行くのは困るので気をつけてね」と言っています。許可を得ることを習慣化され
ると、生徒たちは何でも先生に聞くようになってしまいます。

　担任をしていると、集金や保険関係の書類といった提出物を期限の日に持って
こない生徒もいると思います。生徒は「忘れました」と言います。私は「じゃあ
明日ね」とは言いません。「で、どうしようと思っているのですか？」と生徒に
尋ねます。すると、大体の生徒は「明日持ってきます」と答えます。これで終わ
らせてはいけません。「どうやって明日忘れないようにしますか」と聞くことで、
忘れないための方法を確認します。ここで自分から「手に書いておきます」など
方法を出せる生徒ならよいですが、「どうしたらいいかわかりません」という生
徒もいます。そこで重要な手立てが、選択肢を示すことです。これが丸投げとの
ちがいです。「手に書いておくこと」「お弁当箱などよく見るものにメモを入れて
おく」「先生が家に電話する」「誰かに連絡してもらうように頼む」などいくつか
の方法を示し、自分で選択させるのです。

　次の日の対応も大事です。確認したいのは選んだ方法がうまくいったかどうか

です。うまくいったのなら、「選んだ方法でうまくいったね。次からこの方法を使うといいね」とほめてあげられます。うまくいかなかったなら、もう一度同じ方法を試してみるか、ちがう方法をとるかを生徒に決めさせます。

　指示してやらせると、結局先生に言われたからうまくいったと生徒は思います。つまり、成功の理由は先生になってしまいます。しかし、自分で選んだ行動でうまくいけば、成功したのは自分のおかげだと生徒は思うことができます。こちらの方が生徒の学びも満足感も大きくなるでしょう。

　まずは、どうしたらよいと思うかを確認する。それが、出てこなければ複数の選択肢を提示する。そして、自分で選んだ行動を実行させる。これを繰り返すことで先生に聞かなくても、自分で自分の行動を決められる主体性を育むことをねらっています。

生徒から質問させることをやめ、教師が質問する

　目指すのは、先生の言うことを素直に聞く生徒ではありません。自分で自分の行動を決められる生徒です。そのためにも、無用な質問をさせることはやめ、どうすればよいと思うかを質問する先生になりましょう。

便利な言葉に逃げない

　待ち合わせをしていたとして、その相手から少し遅れる旨の連絡がきたときに、私は「少しってどのくらいなのだろう」といつも思います。5分ならその場で待っておいた方がいいし、10分だったら近くをうろうろしてみようかなという気持ちになります。この「少し」という言葉は便利ですがなかなかやっかいな存在なのです。そして、私たちは生徒との関わりの中でも、この便利だけれどやっかいな言葉をついつい使ってしまっています。

　たとえば、「ちゃんと」です。掃除の場面で「ちゃんとしよう」と言ったとします。ここにはいくつかの問題があります。まずは、何ができていないことを指摘されているのかがわからないことです。ほうきの持ち方なのか、掃き方なのか、掃く場所の問題なのかが聞き手には伝わりにくいのです。次に、どうすればよいかがわからないことです。ほうきの持ち方が悪かったとして、どうすればよいのかが「ちゃんと」では伝わりません。具体的に「ほうきは両手で持って掃いてね」と伝える方が確実です。ほうきの持ち方ぐらいであれば「ちゃんとしよう」でも伝わる場合はほとんどだと思いますが、伝わらない場合もあるということを理解し、普段からあまり使わないようにしておく方がよいでしょう。

　もう一つ、「しっかり」です。「ちゃんと」は方法に関する言葉でしたが、「しっかり」は程度に関する言葉です。「きちんと」などもこれにあたります。「しっかり（きちんと）挨拶しよう」では、とにかく挨拶をすることを言っているのか、挨拶の明るさや丁寧さについて言っているのかがわかりません。「毎朝必ず挨拶をしよう」「明るく挨拶しよう」の方がわかりやすくなります。

　このような言葉は便利ですが、生徒には伝わりにくい可能性があります。具体的な方法や状態、程度を言葉にしてあげましょう。

　「何回言ったらわかるんだ」もその典型例です。何回言われたらわかるかは生徒もわかりません。また、「行きたい高校にいくためにテストの点数を上げようね」。どうすれば点数が上がるかがわからないから上がらないのです。生徒が求めているのは、できるようになるための方法を教えてくれたり、示してくれたり

する教師です。

　生徒が困る言葉かけは部活動でも多いように感じます。たとえば「ミスするな」です。生徒もやりたくてしているわけではないでしょう。生徒は具体的にどうすればいいかを示してほしいと思っているはずです。さらに言えば、「ミスするな」は「ミス」という言葉を使ってしまっているためにミスのイメージを植えつけてしまうので逆効果です。「事故に気をつけて」と言われると事故の場面を想像してしまいませんか。だから、このような禁止用語は基本的に肯定表現に直した方がよいのです。

　生徒に何かができるようにするためには、

何をすればよいのか、どの程度なのか、どんな方法があるのか

を明確にした言葉をかけることが大切です。しかし、最初からすべてうまくいきません。よくない言葉かけをしたと思ったとき、さっきはどう言えばよかったのかをふりかえることで使う言葉は変わってきます。難しいことですが、便利な言葉に逃げず、具体的で肯定的な言葉を使うように意識していきましょう。

85

問題を起こしたいわけではない

　今までの担任経験の中で、生徒が問題行動を起こして指導することもたくさんありました。生徒指導のやり方をふりかえってみると、新任のころと今とではいくつかの変化があることに気づきました。それは次のような変化です。

①問題を起こす生徒は心に問題がある→「行動と気持ちは分けて考える」

　たとえば、人間関係のトラブル。一方的に手を出してしまう場合もありますが、何か嫌なことを言われて手を出すということが多くあります。こういった場合に、手を出してしまう生徒は暴力的だと安易に考えてしまってはいけません。手を出すという方法でしか自分の気持ちを表現できない場合もあるからです。嫌なことを言われて腹が立つということは誰にでもあることです。だから、「やったことがよくなかったなぁ」と行動にだけ焦点を当てて指導することが必要です。「次、手を出しそうになったら先生に言いに来るのはどう？」など、そのときどうすればよいかの具体的な代替行動を一緒に考えるのもよいでしょう。

②「あかんことはあかん」と突っぱねる→「『気持ちはわかる』と受容する」

　①でも述べたように、問題を起こした生徒にも理由や事情があることが多いです。「盗人にも三分の理」ともいいます。反省を促すだけでは表面上取り繕うのがうまくなっていくだけです。私は何度も問題を起こす生徒に対して、共感して寄り添う姿勢を見せずそっぽ向かれてしまった経験があります。「そんなことがあったら嫌な気持ちになるのはわかる」「殴りたくなるほど腹が立ったんやな」。理由や事情に共感し、理解する姿勢を見せてやることで本人も心を開きやすくなるでしょう。担任はその生徒の味方になってやらなければなりません。

③問題を起こした本人が悪い→「問題を起こした本人以外にも問題がある」

　問題を起こしたらその本人に責任があることは当然ですが、何もかも自己責任としてしまうのは少々乱暴です。問題を起こした背景には、直接的な理由や事情

を超えて家庭環境やこれまでの学校生活や人間関係など、私たちが目を向けなければならないものがたくさんあります。だからといって、行為は認めませんが、何が生徒に問題を起こさせたのかを分析する目をもちたいものです。

④問題を起こすのは問題がある人→「どんな人でも問題を起こす可能性がある」

　大人でも、犯罪を取り上げたニュースを見ると、なんでそんなことをするか理解できないといった態度を表すことがあります。生徒も同じです。問題を起こす生徒に対して、「私たちとはちがうんだ」という見方をしてしまいがちです。③とつながる部分もありますが、「僕たちにも状況によっては何が起きるかわからない。僕たちも完璧ではなくて課題があるよね」と周囲の生徒に問題は起こしたくて起こしているわけではないことを理解させることも大切です。

困った子は困っている子

　この言葉を知り、私の指導は大きく変わってきました。問題を起こした本人もどうすればよいかわかっていなかったり、助けてほしいと思っていたりするという視点をもったことで、関わり方が変わってきました。問題を起こしてしまう生徒の存在も大切にしていきたいものです。

どの先生でもいい

　担任であれば担任しているクラスの生徒とよい関係を築きたいと願うものだと思います。もっと言えば、担任しているクラスの生徒全員が一番信頼する先生は自分であってほしいと思うものではないでしょうか。私にはそう思ってしまうところがあります。「今までの担任の先生の中で一番いい先生です」と言われると、とても嬉しい気持ちになります。しかし、実際にそうなることはほとんどありません。人と人とのことですから、合う・合わないがあって当然であり、生徒は教科の授業や部活動でたくさんの先生と関わるのですから、どの先生を一番信頼しようが生徒の自由です。担任しているクラスの生徒全員から肯定的に見られることは目指すべきですが、全員の一番になることを目指す必要はありません。

　私が過去に担任したクラスの生徒で、お昼休憩になると、家庭科室に行く生徒がいました。そこにはその生徒を前年度に担任した先生がいたからです。その生徒はときどき家庭科室に行っては、その先生に話を聞いてもらっていました。とても受容的で素敵な先生だったので、話を聞いてもらうと安心したのでしょう。その先生は「北村先生はよい先生だと思うよ」と現在の担任である私のことをうまくもち上げてくれながら、その生徒の心にたまったガスを抜いてくれていました。また、話の中で出てきた情報を私に伝え、「迷惑かけるけれど、○○のことよろしくお願いします」といつも言ってくださいました。私は自分のところに相談に来てくれないことに内心悔しさを感じつつも、私よりもこの先生に話を聞いてもらった方が生徒の幸せにつながるのだと思うようになりました。

　つまり、

他の先生にお任せする

ことがあってもいいのです。この出来事があってから、教育相談などでも、「困ったことがあったら私のところでもいいし、他に自分が話しやすいと思う先生や話を聞いてもらいたい先生のところに行くんですよ」と伝えるようになりました。もしかしたら、性的な内容のことで男性の担任には話しにくいけれど、隣のクラ

スの担任の女性の先生なら、と思う生徒がいるかもしれません。年齢の近い先生の方が話しやすくて聞いてもらいやすいと思う生徒がいるかもしれません。

　このように、生徒にとって相談相手になりうる候補がたくさんいることが、中学校の強みだと思っています。担任との関係に困っても、他の先生に話をすることができます。そして、たくさんの先生がいるからこそ、先生同士のキャラクターのちがいが大切になってきます。お母さん的存在、お父さん的存在、お姉ちゃん・お兄ちゃん的な存在、様々なタイプがいるからこそ、生徒は話しやすいタイプの先生に話をすることができるのです。それぞれの先生のキャラクターや指導上の強みを考慮し、学年で役割分担をしましょう。

　自分が一番信頼される教師になりたいと思うのは、教師側のエゴです。大切なのは、生徒が悩みを打ち明けたり、相談したりできることです。ときには、他の先生にお任せし、情報を共有してみんなで協力していきましょう。これが、先生方がチームになることにもつながるのだと思います。

「まで」と「から」のちがい

　現任校に異動してから給食指導が始まりました。自分が給食を食べていた学生のころを懐かしく感じるとともに、休憩中も残ってずっと給食を食べていたことを思い出しました。私は小柄で食が細く、食べるのも遅かったのです。自分が学生のころは給食を減らすことをあまりよしとされず、同じ分量を配膳され、増やしたい人は先に増やして食べられない人は残すということになっていました。それに比べて今は、最初から配膳する生徒が「これぐらいは食べられる？」と確認して配膳しているため、一人ひとり無理のない分量を食べるようになっています。

　私は今の方がよいやり方だと思っています。残したり、減らしたりすることは食べられる量を調整するタイミングが異なるだけですが、ここに大きなちがいがあります。残す場合は、最後に残してしまったという罪悪感があります。対して、最初から減らしていた場合、最後は「完食した」という達成感を感じることはあっても、罪悪感をもつことはありません。減らすと残す、やっている行動自体は似たようなことであっても、タイミングが異なるだけで気持ちに大きなちがいが出るのです。食べきれた生徒が増えた方がよいでしょう。

　最初から減らすと残飯が増えるのではないかと思われるかもしれませんが、そんなこともありません。残したものをもらうことはできませんが、最初から減らしておけば、たくさん食べたい生徒が食べたい分だけ十分に増やすことできるからです。残飯の差はあまりありません。

　ここまで給食指導について書いてきましたが、ここには生徒に「できた！」と感じさせるための私たちの関わり方のポイントが隠されています。それは、

できるところからやらせる

です。給食でいうと、食べられる分量にしてから食べさせることです。

　最初からできるところまでやらせた場合、最後までできればよいですが、つまずいたところで終わる可能性も高いです。これでは失敗体験になってしまいます。しかし、できるところからやらせた場合、達成できる可能性が高まります。成功

小盛りからスタート

で終えられるように、「できるところまでやってみよう」ではなく、「できるところからやってみよう」と考えるのです。この考え方を、バックワードチェイニングと言います。授業でも効果的な考え方です。

　片付けが苦手な生徒の対応としてよくあるのが、「片付けなさい」と言ってから最初は静かに見守っているけれど、結局見かねた教師が最後までやってしまうというパターンです。これでは、生徒にとってできなかった経験となります。バックワードチェイニングの考え方を使うと、「あとは自分でできそうと思ったら言ってね」と伝えて、最初から手伝ってやるという方法をとります。もし、最後まで手伝いそうになってしまっても、最後の一手だけは自分でやらせるとよいでしょう。そうすると、「できたね」と言ってあげることができます。

　生徒に成功体験を積ませるため、順序の最後から取り組ませることも視野にいれるとよいです。ただし、少しずつできる範囲を増やしていく視点を忘れないようにしましょう。

最終進化系は様々

　生徒は一人ひとりちがう存在であるのに、目指す生徒像が画一化されていませんでしょうか。少なくとも私はそうでした。しかし、クリスィー・ロマノ・アラビト氏の『静かな子どもも大切にする：内向的な人の最高の力を引き出す』新評論（2021）を読んで考え方が変わりました。この本の中では、「すべての教育者は、話し合いにおいて発言する能力が高い生徒や学生ほど人生で成功する可能性が高いという考え方を捨て去る必要があります」と述べられ、教師は外向的な人を人間の理想とみなす考え方にとらわれていると指摘しています。私もまったくその一人でした。静かな生徒は外向的になった方がいいと考えていたのです。しかし、静かな生徒には静かな生徒に応じた成長の道筋、生き方があるのです。

　ただし、注意する必要もあります。教師が静かな生徒だと判断した子の中に、外向的になりたいという願いをもっている生徒がいるかもしれないのです。教師は自分の判断だけに従ってはいけません。勝手に生徒の可能性を狭めてしまうことになってしまいます。だから、私は生徒たちに「どんな人になりたいと思っていますか」「できるようになりたいことはありますか」と聞くようにします。私が生徒を見誤っている可能性もあるので、本人の思いを確認するのです。また反対の場合もあります。生徒が集中してじっくり考えることのできる姿を目指していても、発言する力を伸ばしていった方がよいこともあり得るでしょう。どちらにせよ、教師個人の判断だけ、生徒個人の判断だけにならないよう対話することが必要です。

　また、どんな人であっても共通してつけたい力もあります。たとえば、考えをもつ力です。素早くその場で発言することが得意であっても、じっくり考えを書き表すのが得意であっても、自分の考えをもつことは共通して大切です。どのような形で発揮するかは異なっても、自らの考えをもつ力をつけることは必要です。

　一人ひとりそれぞれの課題や目指す姿を把握しておくのが困難なので、私はいつも１冊のノートを用意します。見開き２ページに生徒一人ずつの名前を書いておき、そこに話したことや起きた出来事を記録していきます。こうして、生徒自

身がどうなりたいと願っているか、また担任である私の目から見てどのような力をつけていけばよいと思うかなど、その生徒だけの未来の理想像を描くページをつくるようにしていくのです。

　また進路指導でも同じことが言えます。全員が偏差値の高い高校に進むことがよい選択とは言えません。工業に興味があるならば工業高校がよいですし、部活の関係で高校選択することもあり得ます。それぞれの高校の特色を鑑み、生徒に合った進路選択ができるよう助言することも大切なことです。

生徒に応じた成長の道筋、生き方を考える

ことがその生徒にとっての幸せにつながると考えます。どの生徒も同じような姿を目標にするのではなく、その生徒だからこその成長した姿を思い描いていきましょう。

提案・交渉型アプローチ

　教師と生徒はぶつからない方がいいと思っています。「やりなさい」と「嫌だ」でぶつかってしまうと、どちらが勝ってもどちらかに不満が残ります。ぶつかった時点で教師の負けです。ぶつからない指導がよいとは思いつつも、どうすればよいかがわからなかったときに出会ったのが、武田鉄郎氏編著の『発達障害の子どもの「できる」を増やす提案・交渉型アプローチ』学研プラス（2017）です。この本との出会いが、教師という立場になり、「やらせる」と考えてしまっていた私に、合意を得るというコミュニケーションの基本を思い出させてくれました。

　そのおかげで、やりたがらない生徒やできない生徒に対しても、「別の方法を提案する」「生徒のやり方に条件をつける」「相手の言い分を受け入れる代わりに、こちらの要求も受け入れさせる」など交渉する関わり方ができるようになりました。こうすることで、考えるポイントを「するかしないか」ではなく「どのようにするか」にもっていくことができます。ぶつかることなく生徒も教師も納得して行動をとることにつながります。

　この本はタイトルに「発達障害の子どもの」とついていますが、提案・交渉型アプローチはすべての子どもたちに使える考え方だと思います。特別支援に関するアプローチは、支援の必要な子どもたちには必要なものであると同時に、すべての子どもたちにとっても有効なものでもあります。特別支援に関することから学べることもたくさんあります。そのスタートとして、よろしければ『発達障害の子どもの「できる」を増やす提案・交渉型アプローチ』を読んでみてください。

第四章

一人ひとりを満たすための集団へのアプローチ

学級は担任の理想の場ではない

　新学期が始まってからの３日間は「黄金の三日間」と呼ばれ、この三日間で学級のルールや規律を伝え、学級のシステムをつくっていくことが大切だとされています。私もこの３日間で学級のシステムをつくり始めます。しかし、つくり方を間違うと失敗してしまうことを私の経験からお話ししたいと思います。なんでもかんでもつくればいいというわけではないのです。

　初めて担任したとき、見通しがもてず苦労しましたが、周りの先生方の支えと生徒たちの助けによって１年間を無事に終えることができました。そして２回目の担任をするとき、もっとこうした方がよかったという反省をもとに、念入りに新年度の準備を行いました。特に３日間はやりたいことをチェックリストにまとめ、学級のシステムも「掃除の分担は〜」「日直の仕事は〜」と細かく決めておきました。

　そして、新年度が始まりました。私は予定していたことをやり、準備していた通りに「掃除はこうやって分担します」「日直はこういう仕事をこのようにやってください」と学級のシステムについても伝えることができました。３日目をやり切ったときには、「これで今年度はいいスタートができた」と思っていました。しかし、次の日以降、うまくいきません。「ここはこうやるって言ったよね」「なんでやっていないの」と注意や叱責がたくさん出てしまうのです。自分の「黄金の三日間」が失敗だったことに気づきました。

　「できるまで伝える」「３日間に伝えることを詰め込み過ぎた」など、よくなかった理由はいくつか考えられますが、一番の問題は、教師の都合と理想によってシステムをつくってしまい、生徒から合意を得ていなかったことです。生徒は教師が勝手に考えたシステムをいきなり伝えられただけです。これではできないのも当たり前です。

①「去年はどうやっていましたか」と前年度までのやり方を確認すること
②「これでいいですか？」という合意を得ること
③「問題があったら変更します」と仮決定であることを伝えること

　これらをし忘れたため、生徒にとって自分事になっていなかったのです。当時は生徒と担任が協力して学級をつくっていくという意識が欠けていました。学級

は担任の理想を実現する場ではないことに、この経験で気づくことができました。

　それからは3日間で決めたいことだけは考えておき、実際にどうするかは生徒と決めるようにしています。こうすることで、「去年はどうだったか隣の人と話してみて」と生徒同士で会話させる機会も確保することができます。最初の3日間は担任の指示が通りやすい時期だからこそ、クラスメイトと話をさせるなど、生徒同士をつなげたり安心できる空間をつくったりすることにも力をいれたいと考えています。

　この方法で生徒とともに学級をつくっていくようにしたいのですが、最近「掃除場所は週交代でいいですか」などと聞くと、「先生が決めていいですよ」と言われることがあります。教師が決めると楽ですが、ラッキーと思ってしまってはいけません。これでは生徒はお客さんです。学級づくりに主体的に関わらせていくためにも「自分たちのことだからみんなで決めましょう」と意見を引き出したいものです。このようにやっていくと時間がかかってしまいますが、学級は教師がつくるのではなく、

生徒の合意を得て、一緒につくっていく

ことが大切です。優先順位を決め、着実に学級をつくっていきましょう。

なぜシステムをつくるのか

　前ページで学級のシステムをつくるときの注意点を書きましたが、決してシステムをつくることの重要性を否定したわけではありません。掃除、給食、係や当番、人によっては提出物の回収の仕方などシステムはあらゆる場面でつくられます。では、なぜ学級にはシステムがあった方がよいのでしょうか。システムのつくり方やどんなシステムをつくるかについては考えることはあっても、なぜシステムが必要かについて考えたことのある先生は少ないように思います。みなさんにとっては当たり前すぎるのかもしれませんが、ただただ「システムをつくっている先生が多いから」「つくった方がいいと言われているから」という理由では残念です。

　私が考えるシステムをつくる理由は、3つです。

　1つ目は、いちいち担任が指示しなくても自分たちでできるからです。システムが定着すれば、生徒はやることがわかっているので自分たちで動くことができます。担任が指示を出したり、生徒が指示を待ったりする時間が必要ないので、無駄な時間が生まれません。

　2つ目は、誰が何をするかを全員が共有できるからです。こうなっていれば、欠席者が出たとして代わりの誰かが穴埋めをすることが可能です。システムになっていれば全員が同じことができるので、できていない状態になることが少なくなり、学級の安定につながります。

　3つ目は、自動化されるので、無駄な力を使わなくてよくなるからです。システムをつくることで、やることが決まっており、どうすればいいかなどといちいち考えなくてよくなります。

　システムをつくることで、早く作業が進んで学級が安定し、また、無駄なエネルギーを使うことを避けるため、

他のことに時間とエネルギーを使うことができる

　これがシステムをつくる理由です。

　しかし、システムにしない方がよいこともあります。何年か前に担任した学級で、生徒同士の認め合いを増やしたいと考え、月初めに全員がクラスメイトのよいところカードを書いたら席替えをするというシステムをつくりましたが、頓挫しました。よいところ見つけが形式化し、意味を成しませんでした。私のやり方が悪かったのかもしれませんが、システムとはやるべきことを楽に済ませることに効果を発揮するものだと感じ、よいところ見つけなどの生産的な活動とは相性が悪いのだと判断しました。また、これは教師のためのシステムであり、生徒のためにはなっていません。生徒が楽しんでいればよいですが、このような活動は義務的になってしまうと効果は薄く、システムとは相性が悪いのかもしれません。

　最後に、学級経営から離れてしまいますが、学校の仕事もシステムをつくることが大切だと思っています。今まで新しい分掌をもったときに、何もシステムが残っておらず苦労したことがあります。何をすればよいかがわかるシステムをつくっておくことで、次に分掌を担当する先生が仕事に費やす時間が減り、生徒に直接影響のある業務に時間を使うことができます。これもまわりまわって生徒のためにつながる大切なことだと思います。

ルールは柵

　学級にルールがなければ何でもありの無秩序の状態になってしまって、安心して過ごすことができなくなってしまいます。誰もが学級で安心して過ごすためにルールは必要不可欠のものです。

　ここで大切なのがルールをどのようなものとしてとらえているかです。一般的にルールは縛るものであるというイメージをもってしまいがちではないでしょうか。しかし、これではルールが生徒を閉じ込める「檻」になってしまいます。生徒も窮屈に感じるでしょう。私はルールを「柵」だと考えています。これを守っていれば安全だというラインを表す役割をするものです。

　私の学級では席替えの方法としてあみだくじを採用していますが、前方の席を希望する生徒は名前の後に何列目までがよいかの数字を書くことになっています。あみだくじなので前方の席を希望していても後方の席になってしまうことがあるからです。その際に同じ列の前方の席の生徒と私が交渉をして、席を入れ替えることがルールになっています。

　ポイントは先に前の席を希望することを表明させておくこと、私が交渉をして席を入れ替えることです。このルールがなければ、後から席の変更を申し出てくる生徒同士で席の交換をして、自分の好きな席を選ぶことができてしまう可能性があるからです。得をする生徒、損をする生徒が出てこないように、あらかじめこのようなルールを決めています。

　また、時間がたつにつれ、席を前方で固定したいという生徒が出てくることがあります。その際は生徒全員に許可を得て席替えのルールを変更します。一旦あみだくじでランダムに席を決め、事前に決めておいた固定席の場所が当たった生徒とピンポイントで席を交換します。最初からくじに入れなければいいという意見もごもっともですが、この方法の方が交換する楽しさがあって盛り上がるのです。ここでルールの変更例を示しましたが、このようにルールは生徒の申し出や実態によって変えていくことが大事です。ルールは守るだけのものではなくて、自分たちでつくったり、変えたりすることが可能なものだということを教えるこ

とも大切だと考えています。この点からしても、柵のイメージがぴったりだと私は思っています。柵は自分たちでつくったり、動かしたりできるからです。

　さて、ルールに関係してもう一つ大切なことがあります。それはルールとマナーを区別するということです。ルールとは守るべき決まりであり、マナーは相手を思いやる行動です。学級において本来マナーであるべきことがルールにされてしまっていることが多いように私は感じています。たとえば、あいさつや返事。これは本来マナーに当てはまることだと思っています。だから私の考えでは、「挨拶しなさい」ではなく、「挨拶をした方がみんな気持ちいいよね」となります。「返事をしなさい」ではなく、「返事をした方が話している人も助かるよね」となります。このようなことをルールのようにとらえてしまうことが、注意や叱責が増えてしまう原因なのではないかと考えています。

ルールは生徒を守るもの

です。必要に応じて増やしたり、変えたりすること。また、それはルールとしてとらえるべきことなのかを考えることが大事なのです。

レクリエーションを活用する

　学級づくりにぜひ活用したいのがレクリエーションです。レクリエーションは楽しい活動を通して、親近感や連帯感を高めたり、生徒同士のつながりを強めたりすることが期待できます。私がよく行っているレクリエーションを紹介していきます。

①友達ビンゴ

　ビンゴのそれぞれの枠の中に「国語が好き」といった条件を書いておき、この条件に当てはまるクラスメイトを見つけてサインをもらってビンゴを目指すものです。たくさんのクラスメイトと関わることができるので、年度初めにおすすめです。ポイントは、どんな条件をつけるかです。相手を見ればわかる条件ではなく、話さなければわからない条件にすれば、会話せざるを得なくなります。また、ある生徒にだけ当てはまる条件を入れておくことで、自分から話しかけるのが苦手な生徒のもとに他の生徒を関わりに行かせることもできます。

②すごろく

　これはルールを説明する必要がないでしょう。こちらもポイントはマスにどのような指示や罰ゲームを書いていくかです。私は人と関わらせる指示や罰ゲームをよく使います。「隣の人と腕相撲をして勝ったら２マス進む」「正面の人のよいところを言う」など普段であればやらないことでも、すごろくで指示されたことならやってしまいます。女子と男子で腕相撲をやって女子が勝ち、盛り上がったこともあります。また、写真に写りたがらない生徒の写真を撮るチャンスにもなるので、「先生と２ショット」「グループで写真撮影」などもよく使います。

③全員の名前を漢字で書く

　これはレクリエーションから外れるかもしれませんが、毎年やっているので紹介します。「相手の名前を大事にすることは、相手の存在を大事にしていることと同じだ」と聞いたことがきっかけでやり始めました。私が出席番号順に全員の名前を

読み上げ、生徒に漢字で書かせるのです。たったこれだけですが、仲のよい生徒の名前を書くことができなかったり、ほとんどの生徒の名前を書ける人が出てきたりと、生徒は案外楽しく取り組みます。最後に答え合わせをし、次のように話します。

「普段仲よくしている人の名前の漢字であっても案外出てこなかったりしましたね。その人を表す名前でさえそのような状態なのだから、その人の中身についてもわかったつもりになっているかもしれません。まだまだ知ることがある、まだまだ仲を深められる、と先生は思います。普段の人との関わり方を見つめ直してみましょう」

④賞状を書く

　これはクラスメイトに賞状を書いてプレゼントするレクリエーションです。賞状の枠の中に、クラスメイトの名前だけが書かれた紙を生徒一人ひとりに配ります。生徒は配られた賞状に書かれている名前を見て、そのクラスメイトを表彰する内容を考え、賞状を完成させるというものです。互いのがんばりやよいところを認め合う活動として、学期末に行うのがおすすめです。年度末には似たような活動として「別れの花束」というエンカウンターもおすすめです。

　まだまだたくさんのレクリエーションがあります。目的やねらいに応じて取り入れるとよいと思います。楽しい活動を使って学級をつくっていきましょう。

よい全体責任

　みなさんは自分が所属している集団を否定されたらどんな気持ちになりますか。私は悲しい気持ちになります。私は初任から長い期間を同じ学校で過ごしてきましたが、他の学校から異動されてきた先生に「この学校はおかしい」と言われる度に悔しい気持ちを抱いてきました。反対に、「この学校の生徒はかわいいね」「いい職場だと思う」と言われると嬉しさを感じました。初めて赴任した学校だったので思い入れが強かったこともあると思いますが、自分が勤務している学校をよく言ってもらえるとやはり嬉しいものだと思います。

　この経験をしてから、私がするようになったのは、

学級全体をほめる

ということです。それまでも、年度初めに「みんなの聞く態度がよくてすごく嬉しい。この学級はすごくよいクラスになりそうだ」と言ったり、年度末には「とてもいいクラスだった。このクラスを担任することができてよかった。ありがとう」と言って全体をほめてはいましたが、なかなかそれ以外の時期には全体をほめるということはできていませんでした。

　最近は誰か一人のがんばりをほめる場合に、それを学級全体と結びつけてほめるようにしています。「〇〇さんの授業に取り組む姿勢がとってもいい。でも、それはクラスの雰囲気がよいからだというのも影響していると先生は思います」「〇〇くんのおかげでみんなが笑顔になったね。ありがとう。でも、逆に言えば、みんなが笑顔になってくれたおかげだね。みんなもありがとう」。このように個人のがんばりを全体のおかげだと結びつけていくのです。ただし、個人のがんばりを最大限認めることが優先です。全体のおかげを強調しすぎると、がんばった本人の気持ちを軽んじているように感じられてしまいます。この点には注意が必要です。

　また、授業で他の学級全体を「このクラスはみんなが一生懸命作業に取り組むね、すごく集中力のあるクラスだ」「このクラスは話を1回で理解してくれて助

かるなぁ」とほめることもあります。このとき「これは担任の先生のおかげかな」というと、大体どのクラスも「ちがいます。私たちががんばっているからです」と言い返してきてくれて楽しい雰囲気になります。ときどき自分の学級でもわざとらしく「このクラスの担任がいい先生なんだろうな」と言い、「そんなことないです」と言い返してくる生徒に「今日は放課後残るように」なんて言ったりもします。

　今までの経験をふりかえってみると、何か問題が起きたときに「全体責任」という言葉を使って全体の責任にすることはあっても、何かよいことが起きたときに全体のおかげとすることはなかったように思います。

　スポーツの試合などを観ると、自分が住んでいる地域や出身都道府県のチームを応援したくなりませんか。先日も自分は野球をしたこともないのに、テレビをつけると甲子園で自分の住んでいる地域の学校が試合をしていたので応援しました。自分が所属している集団が自分のアイデンティティの一部になることがあるのだと思います。だから、集団全体をほめることが個人にもよい影響を与えるのです。集団全体をほめることも意識していきましょう。

雰囲気を味方につける

　学級づくりをしていくうえで大切にしたいことは、雰囲気づくりです。学級の雰囲気が一人ひとりに影響を与えるからです。それは雰囲気に流される、雰囲気にのまれるという言葉があることからもわかると思います。皆さん自身も雰囲気に流されたり、雰囲気にのまれたりした経験をおもちではないでしょうか。では、どうすればよい雰囲気をつくることができるのでしょうか。もちろん担任のキャラクターや性格、言葉かけによってもつくられていくものですが、今回は別の視点から考えていきます。

　まず、皆さんは「割れ窓理論」を知っているでしょうか。建物の窓が割れているのを放置すると、やがてすべての窓も割られてしまうという考え方です。これは、環境が雰囲気をつくる一つの例だと思います。ご自身の教室はどうでしょうか。教室にゴミが落ちているのを見過ごしていませんか。掲示物が剥がれかけているのをそのままにしていませんか。生徒が帰ったあとの机はバラバラではありませんか。ロッカーがぐちゃぐちゃの状態で放置されていませんか。「よいクラスは掃除箱の中が整っている」という言葉を聞いたこともあります。まずは、環境を整えましょう。

　次に、生徒のマイナス発言です。「面倒くさい」「早く帰りたい」こういった言葉は全体の士気を低下させてしまうので、教室からなくしたい言葉です。しかし、「マイナス発言をやめましょう」と言ってもなくなりません。なぜなら、マイナス発言が出る理由は、マイナス発言がよくないと思っていない、癖になっているといったものだからです。まず、マイナス発言が悪いと思っていない生徒には、マイナス発言は周りの人を傷つけることがある言葉だよと伝えることが大切です。そして、大抵このような生徒はマイナス発言が癖になってしまっているので、よくないと理解しても言ってしまいます。このようなときは「あ、言っちゃったね」と笑って指摘したり、「でも、本当は？」と聞いてみたりと楽しく対応します。ただし、マイナス発言は本音である可能性もあります。本音が出ていると感じた場合は「そう思っているのに、いつもがんばってえらいね」と気持ちを認めたり、「そう思っていることを教えてくれてありがとう」と感謝したりしてから、「でも、聞いている人はいい思いをしないから、思ってもみんなの前で言わない方がいい

かもしれないね」と伝えるようにします。このような生徒はストレスを抱えていたり、過去の嫌な経験の積み重ねによってマイナス発言をしてしまっている可能性があるので、マイナス発言の有無だけに関わらず注意して見ていく必要があります。

　最後に、生徒の行動です。一人ひとりの行動が全体の雰囲気をつくっていきます。私が毎年生徒に伝えるのは、プリントを後ろの人に渡すときは後ろを向いて渡すこと、誰かの話を聞くときは相手の方を見て聞くことです。これが、相手を大切にするということを体現した行動だと思っているからです。こういった細かな行動がクラス全体の雰囲気をよくしていくのだと思います。雰囲気がよいからよい行動が生まれることもありますが、よい行動が行われるからよい雰囲気になることもあります。このように考えると、雰囲気のよい状態に起こる行動を先取りして実行させるという方法も考えられます。たとえば、拍手です。拍手は雰囲気がよいときに出るものなので、拍手をすることで強制的によい雰囲気にしてしまうのです。

学級づくりは雰囲気づくり

です。雰囲気の力は絶大です。雰囲気をよくするための環境、増やしたい言葉や行動を考えてみましょう。

まずは味方を増やす

　２：６：２の法則、別名「働きアリの法則」と呼ばれる法則をご存じでしょうか。どんな組織でも、積極的に活動する人が２割、消極的な人が２割、その間にあたる人が６割になるといったものです。これを学級に当てはめると、学級活動に協力的な生徒が２割、非協力的な生徒が２割、その中間の生徒６割となります。担任に好意的な生徒２割、否定的な生徒２割、その中間の生徒６割と考えることもできるでしょう。

　なぜこの法則を出してきたかというと、まず、学級活動に否定的な生徒や、担任に対して否定的な生徒がいるものだと思っておくことが大事だからです。こう思っておくだけで担任としての肩の力が抜けませんか。私は学級開きの初日の日記で「先生が担任と知って、○○先生の方がよかったけれどまだマシだと思っています」と書かれたことがあります。このときはショックを受けましたが、今なら「そんな生徒もいるよな」と受け流すことができるようになっています。非協力的な生徒、否定的な生徒もいるものだと思っておきましょう。

　そして、学級づくりで大切なのが、２：６：２の中間層を味方につけることです。そのためには、できるだけ早い段階で「この先生は面白そう」「今年のクラスはよいクラスかもしれない」と期待感をもたせることが効果的です。方法は様々あってよいと思うのですが、私はレクリエーション（p.102で紹介した「友達ビンゴ」など）を使います。楽しい活動で中間層を味方につけにいくのです。協力的な２割の生徒が「楽しい」「このクラスはよいクラスだ」と言って、中間層を引っ張ってくれることが期待できます。このようにして、まずは集団の多数を味方とまではいかなくても、協力的な生徒の方に引き寄せておくことが大切です。

　決して非協力的な生徒を後回しにしているわけではありません。非協力的な層の中にいる、課題の多い、しんどい生徒こそ一番大切にしたいと考えています。そのための準備が必要なのです。中間層を味方につければ、大多数が担任を支持している状態となり、学級が安定します。だから、非協力的な生徒との関係づくりに時間とエネルギーを使うことができるようになるのです。

個を大切にするために、集団を味方につけること

が大切になってきます。

　また、大多数を味方につけておくことで、最もしんどい生徒と関わる際の協力者になってくれることも期待できます。私が今までに担任した中で最もしんどい女子生徒が変われたのは、母親が私を好意的にとらえてくれたことに加え、周りの生徒の助けがあったからでした。「学校においで」「勉強やりなよ」とことあるごとに声をかけてくれた仲間の存在が大きかったのだと思っています。

　それだけではありません。集団を安定させ、個を大切にすることが、さらに集団を伸ばすことにつながります。課題の多い、しんどい生徒の変化は「私もがんばろう」「あの子が変われるのなら私もまだ変われるかもしれない」と他の生徒に意欲や勇気を与えます。

　個を大切にするためにまずは大多数を味方につけ、学級を安定させましょう。勝負はそこからです。

そろえるところ、そろえないところ

「学年でそろえましょう」

学級経営の際に言われることのある言葉です。しかし、学年でそろえることに対して、私はあまり肯定的ではありません。理由は3つです。

1つ目は、生徒の意見を取り入れにくくなってしまうからです。生徒から意見が出てきたとしても「それは学年でこうすることになっているから」と言わざるを得ない場面も出てくるでしょう。これでは生徒も意見を出さなくなってしまいます。

2つ目は、合わせる側が大変だからです。たとえば、学級通信です。私は言われたことがありませんが、「学級通信を出す先生と出さない先生がいてはだめなので、出さないようにしましょう」と言われることもあるそうです。私は学級通信を出したいので、出さないとなると我慢を強いられることになります。しかし、逆に、「全員学級通信を出しましょう」も出さない先生にとってはかなりの負担となります。同僚の先生で毎朝黒板に絵とメッセージを書いている先生がいましたが、私にはこれはできません。かといって、やめることになれば楽しみにしている生徒たちにとっては残念でしょう。生徒に担任の思いや考えを伝えるという理念を共有し、やり方を各担任で選択するのが理想だと言えます。

3つ目は、学級独自の文化をつくりにくくなるからです。独自の文化をつくることで、生徒は「わたしたちのクラスって」と自分たちの学級への所属感や学級の一体感をもちやすくなります。たとえば、掲示物です。今年私が所属する学年は、学級目標を掲示しない学級もあれば、掲示している学級もあります。私は生徒がつくったものを掲示していますが、他の学級に比べ手作り感が強く、貧相です。それでも、子どもたちは「私らのクラスの掲示物ってしょぼいけどいいよね」と気に入っています。これによって「私たちのクラスと言えばこうだ」という感覚が強まりました。このような、学年でそろえられない部分でその学級らしさをつくっていくことも学級の一体感を強めるために効果的です。

ここまで、学年でそろえることに肯定できない理由を書いてきましたが、気を

つけた方がいいことがあります。それは、勝手にやらないことです。学級通信を出すにしても、学年の他の担任の先生方に「学級通信を出そうと思っているのですが、よいでしょうか」と一言伝えておくとよいでしょう。特に決まりごとに関しては勝手に自分のクラスだけがそれを破ってしまうと、不公平感が生まれます。「夏休みにすべての荷物を持ち帰りましょう」と提案されたとして、学級で勝手に「このクラスは持って帰らなくていいよ」と言ってはいけません。学級通信や掲示物はどこかのクラスだけがやっていても「いいなぁ」で済みます。しかし、どこかのクラスだけルールを守らないとなるとそれは「ずるい」になります。他のクラスから「いいなぁ」と言われることは許せても、「ずるい」と言われるのは避けなければなりません。守る必要がないと思うのであれば、提案されたときに「持って帰らせなくてもよいのではないですか」と意見を出すべきです。

生徒を満たすためにそろえない、不満を抱かせないためにそろえる

が今の私の考えです。何をそろえて、何をそろえないことが生徒のためになるのかを考え、出し合って判断していくことが大切です。

学級目標を活用する

　第一章で学級経営のスタートとして、目的や目標を明確にすることが大切だと書きました。その担任としての思いや願いに生徒の思いや願いを加えて形にしたものが学級目標です。多くの学級で学級目標がつくられていると思います。しかし、学級目標をつくって終わりとなってしまっている学級が多いのもまた事実ではないでしょうか。せっかくつくった学級目標が1年間掲示されているだけなのはもったいないです。

　私は学級目標を決める際、まずどのような形にまとめるかを生徒に決めてもらいます。たとえば、漢字1字、二字熟語3つ、四字熟語、折句（アクロスティック）のように形を決めてから、内容を考えてもらいます。全員が考える土台をそろえることでまとめやすくなります。また、このようなシンプルな形にすることで覚えやすくなる効果もあります。長い目標は頭に入りません。

　そして、必ず一人ひとりから案を出させます。自分たちの学級の目標なので自分のこととして考えてほしいからです。全員の意見を集約してからは、同じ意見、似た意見をまとめ、まとめきれない部分は多数決を使って確定します。合意をとることも忘れてはなりません。

　大事なのはここからです。決めて終わりではありません。決まった後は、生徒に問います。たとえば、団結というキーワードが出ていたとすれば、「どんな学級が団結していると言えるのか」「団結とはどのような状態、どのような行動が生まれていることか」と質問するのです。反対に、「どのようなことがない状態か」と聞くことも可能です。このようにして、状態や行動を具体的にイメージさせることが重要です。

　その後は達成度の確認として活用します。月末や学期末に達成度を10点満点で点数をつけさせるのです。こうすることで度々学級目標を意識させることができ、1年間同じ指標で自分たちをふりかえらせることができます。もし、多くの生徒が高得点をつけてくれるならば、年度途中に目標をバージョンアップすることも考えなければなりません。

　普段からの意識づけという視点で言えば、生徒に何か注意をするとき、「あなたのその行動は学級目標にふさわしい行動ですか」と問うこともできるでしょう。これは、「みんなでつくった学級目標に反する行動になっているよ、あなたも納得したよね」と暗に伝えていることになるので、生徒も反発しにくいはずです。

　学級目標は年度初めにつくった1年間の道しるべのようなものです。

機会をとらえて活用する

ことで効果が発揮されます。決めてからが大切だと考えましょう。

　さて、ここまで学級目標は4月につくって掲示するものとして話を進めてきましたが、様々な考え方をもつ人もいると思います。「学級目標をつくらなくてもよいのではないか」「学級目標は4月につくらなくてはいけないのか」「学級目標は掲示する必要があるのか」このように様々な疑いをもつこともあります。年度初めの意欲の高い状態で学級目標を決めておきたいと考えることもできれば、4月ではまだ学級の実態が見えていないから4月につくるべきではないと考えることもできます。学級目標をつくること一つとっても様々な考えがあります。様々な考え方を知り、自分の考えに合った方法を探してみるのもよいかもしれません。

予告・仮想で未然防止

　学級が崩れやすい時期というものがあります。それは６月や11月です。どちらも学期の中盤であり、生徒にとっては始まりの緊張感が薄れ、慣れが出てくる時期です。教師にとっては、指導のマンネリ化や、疲労の蓄積などが影響すると考えられます。また、このようなことから教師が生徒に関わる回数が減り、言葉かけの質も落ちてきていることがあるようにも感じます。自分自身がしんどいと感じた時期や問題が増えた時期を思い返せば、だいたい６月や11月だったのではないでしょうか。

　私はこのような時期がくる前に必ずやっていることがあります。それは予告です。５月の中旬から下旬にかけた時期に生徒に次のように話をします。

　「１年間学校生活を過ごしていると、問題が起きやすい時期がきます。その最初が６月です。学校生活に慣れてきたり、梅雨でじめじめして気温も高くなってストレスがたまりやすくなったりするからです。でも、そんな時期がきても何も起きなかったらすごいよね」

　これを聞いたお調子者が「大丈夫ですよ」と言ってくれることもあります。「君次第だよね」なんて伝えるとみんな笑います。このように話をしておくと、「何も起こさないようにがんばるぞ」と思ってくれる生徒が出てきます。「じゃあ問題が起きてもいいか」と考える生徒はあまりいません。

　そして、これだけでは終わりません。実際に６月に入ったあたりで「前に先生が話したこと覚えているかな。今のところ大丈夫そうだね」と話します。そのまま６月の終わりを迎えることができたら「みんなの学校生活の質はすごい高いなぁ。誰も嫌な気持ちにならずに過ごせているのはみんなのおかげです。ありがとう」と言って６月を終えます。言いっ放しではもったいないので、経過観察、結果確認をするイメージです。これは他のことでも同じことが言えます。つまり、

①生徒に指導したり、アドバイスしたりする

②「今どんな状態かな？」「あれからどうかな？」と経過を確認する

③うまくいったか、うまくいかなかったかの最終結果を確認する

④次のステップの提示、もしくはフォローなどを行う

　この流れが大事です。①で終わっていることが多くないでしょうか。

　荒れやすい時期が来る前に予告する方法を紹介しましたが、時期に限らずできる方法もあります。それは、仮想の人物を使う方法です。私がよく使うのは、「私の中学校のころの話なのですが」です。自分が何かをして困った話でも構いませんし、自分の友人にこんな人がいて困ったという話でも構いません。「みんなはこんなことしないだろうけれど」「みんなはこんな風にならないように」と言い、しないでほしい気持ちを暗に伝えます。ただし、使いすぎると疑われてしまうので、これは絶対に言っておきたいということに絞る必要があるでしょう。

　このように、

仮想の話で問題を未然防止する

ことに効果があると考えています。

　生徒指導には問題が起きてからの対応と起きる前の対応があります。起きてからの対応は緊急性が高く、取り組まなければならないことなのでどうすればよいかを考えることは多いですが、未然防止は効果を実感しにくいため、考えられる機会が少ないように思います。問題が起きないようにするためにできることはないかという視点ももっと考えていきたいです。

問題は起きてもいい

　前ページで問題を未然防止することについて書いていたのにどういうことかと思われるかもしれませんが、私は学級で問題が起きてもいいと思っています。問題は未然に防げるものは防ぎたいけれど起こってしまうものであり、起こってしまうのであればそこから学ぼうというのが私の考えです。

　問題が起きたときに大切なことは問題を解決することだけではありません。生徒の問題を解決する力を養うことにも意識を向けることが大切です。いつまでも誰かが問題を解決してくれるわけではないからです。そのためには、なぜ問題が起きたのか、どうすれば問題が解決できるのかを考えさせる必要があります。

　たとえば、合唱コンクールで意欲的でない生徒が出てきたとします。「歌いなさい」では歌うようにはなりません。たとえ歌うようになったとしてもしぶしぶでしょう。やらされた感が残って、歌ったとしてもこれは指導としては失敗です。では、どうするのか。「なぜ」と「どうすれば」を生徒ともに考えるのです。

　この場合であれば、「なぜ歌いたくないのだろう」の原因を探ってみることから始めます。意欲的でない生徒に直接聞いてみることも一つの方法ですが、それが難しいのであれば、他のメンバーで原因の仮説を立てます。そして、その原因をもとに「どうすれば歌ってくれるだろう」という方法を考えてみるのです。たとえば、意欲的でない原因として「歌うことに自信がなくて恥ずかしいのではないか」という仮説を立てたとします。それをもとに、「全体の練習ではなくて、グループに分かれて音程をとることから始めてみよう」と考えるのです。うまくいかなければもう一度仮説を立て、方法を考え直します。これの繰り返しです。

　先ほどは意欲的でない側の原因を聞きましたが、反対に「なぜそんなにやる気があるのか」の理由を意欲的な生徒に話させるのも一つの方法です。教師の言葉よりもクラスメイトの言葉の方が意欲を高めることも多々あるでしょう。

　このように、答えの決まっていない問題に対して、どのように向き合い、解決していくかを考えることは教科の学習では学べないことを学ぶよい機会です。

　問題は、言い換えれば「伸びしろ」です。問題が起きたときは、

生徒とともに「なぜ」と「どのように」を考える

ようにしてみましょう。

　また、学級でよく起きる問題として人間関係のトラブルが挙げられます。これも人間を知るよい教材です。トラブルは自分とは考えの異なる人間がぶつかり、とるべき方法を間違えて起きることが多いと思います。だから、なぜトラブルが起きてしまったのか、どうすればよかったのかを考えることも一つの学習です。

　このように、問題を教材にして学ぶことができれば、自ずと問題の再発も防ぐことができるでしょう。難しいことではありますが、問題が起きるからこそ解決する力を高めるよい機会にもなります。生徒を伸ばすチャンスだと思って取り組んでいきましょう。問題を起こさないことも大切ですが、問題が起きてしまったとしても解決できることもまた重要です。

行事はその後が大事

　学級がまとまって取り組むこととして学校行事があります。特に大きな行事と言えば、体育大会や合唱コンクール、修学旅行などが挙げられます。これらを楽しみにしている生徒も多いです。これはこれで大切なことではありますが、行事が生徒にとって楽しいもの、思い出づくりだけのものになってはいけません。学校行事を学級経営に結びつけないとやる意義が薄れてしまいます。

　生徒と行事の目標を立てることは多いと思います。しかし、その多くが「学年優勝」や「最優秀賞獲得」といった目標になっているように思います。意欲を高めるうえではよいですが、もっと大切なのは、「優勝や優秀賞を目指すのはなぜか」「優勝や優秀賞をとったときにどんな学級になっていたいか」といった、

学校行事を通してどんなことを学ぶか、どんな姿になっていたいか

です。これは部活動でも同じです。

　これがわかっていなかったころは、私も勝ち負けにこだわってしまっていたので、必然的に生徒も勝ち負けにこだわっていました。結果として、意欲的な生徒と意欲的でない（できない）生徒に溝ができてしまったり、他のクラスに対する文句が出てしまったりしました。よい賞をとったこともありましたが、その過程で学級がぐちゃぐちゃになってしまっており、何のための行事なのかわからないことになっていました。

　そこから私の行事指導は変わりました。まず、「体育大会が終わった後、どんなクラスになっていたいですか」と理想の状態を確認します。そして、「そんなクラスになるためにはどんな行動ができればよいですか」と質問します。何ができて、どうなっていれば行事が成功したと言えるのかを生徒と考えるようにしたのです。

　私から話をすることもあります。今まで一番話してきたのは、参加の仕方です。「体育大会がんばるぞと思っている人もいますが、体育大会嫌だなぁと思ってい

る人もいるでしょう。得意不得意があるから当たり前です。嫌だなと思うことは悪いことではありません。しかし、嫌だからといってやる気のない態度を見せ、がんばりたい人に協力しないのはよくありません。苦手なら苦手なりの参加の仕方があります。反対に、がんばりたい人が、嫌だと思っている人を責めることもあってはなりません。むしろ一緒に楽しもうと巻き込んでいく態度が大事だと先生は思います。全員がやってよかったと思える体育大会にするために自分がどんな態度で参加すればよいかを考えてみてください」

このように話してきました。よいかどうかはさておき、何のための行事か、行事にどう向き合うかを語ることは大切だと思っています。

最後に、最近担任した学級のエピソードを紹介します。学年で球技大会を行いました。終わってから教室に向かうと、拍手が聞こえてきます。教室に入ってみると、一人の男子生徒がクラスメイトの前で話をしていました。

「まぁ、みんな全力を出し切れたと思います。やっぱり皆さんは最後まで互いのことを責めずに協力し合ってできたと思います」

結果はそれほどよくありませんでしたが、この言葉を聞き、全員が拍手で互いのがんばりを認め合う姿を見て、行事は成功だったと思えることができました。

これからも行事が生徒にとって意味のあるものとなるように取り組んでいきたいと思います。

課題や伸びしろを引き出す

　三者懇談会や教育相談で生徒と話をしていると、「勉強の仕方がわからない」と聞くことがたくさんあります。もちろん、私がどのような方法で勉強してきたかを説明しますが、それ以外に、私は学級でも「みんなはどんな方法で勉強をしているの?」と問うことにしています。

　生徒から出てきた悩みや相談を生徒に返し、生徒からも答えを引き出します。私の出した答えよりもクラスメイトから出た答えの方が響くこともあるからです。また、一人の悩みは一人だけの悩みではないとも考えています。誰かが悩んでいることは他の誰かも悩んでいる場合が多いのです。そして次のように伝えます。

　「今回○○さんがテスト勉強の仕方がわからないと言ってくれたおかげで、みんなで答えを出せました。おかげで助かった人が他にもきっといるはずです。ありがとう」

　こうして「悩みを相談することは誰かのためになるのだ」ということを教えていきます。そして、これは「自分の悩みを出すことは恥ずかしいことではない」という自分の弱さをさらけ出すことを認める雰囲気をつくることにもつながります。できたことやがんばったことしか出せないクラスでは生徒も息苦しいでしょう。自分の悩みや不安を見せ合える、わかり合えるクラスにしたいと思っています。

　生徒に問うのは、生徒から出た悩みだけではありません。私の悩みも相談します。今年度も「教室の後ろの壁に空きスペースがあるのですが、どうやって活用したらよいと思いますか?」と聞きました。生徒一人ひとりが私の似顔絵を書いたものを掲示するなどいろいろな案を出してくれましたが、最後は学校行事のときの写真を使った掲示物を貼ることに決まりました。「結局ありきたりなことじゃないか」と思われた先生もいると思いますが、ありきたりなことでもいいのです。大切なのは生徒から出された意見だということです。私が「行事の写真を使って掲示物をつくりましょう」と言うのとでは生徒のその後の活動の意欲がまったくちがいます。

　もっと大きいテーマでは、「どうしたらもっと楽しいクラスになるかな？」「このクラスの課題は何だと思いますか？」と聞くこともあります。ある程度生徒が学級の状態に満足してくると、生徒も教師も「このままでいいか」と思ってしまいます。ここからもう一歩の伸びを目指すためには、このように表には出てこない課題をあえて出させることも必要になってきます。

悩みや課題も答えも生徒から引き出す

ことで学級はつくられていきます。

　私がここまで生徒から引き出すことにこだわるには理由があります。それは貢献感です。「私が悩みを出したことで誰かを助けることができた」「私の案がクラスをもっと明るくしていくことに役立った」。生徒にこの感覚を味わわせたいと考えているからです。この「人の役に立った」というのが自己有用感であり、これを感じる経験が次の貢献への意欲を高めるのです。自分は価値ある存在だと感じられれば、生徒は自分に自信がもてるようになるでしょう。自己有用感をもった生徒を育てるためにも、生徒から引き出すことを大切にしていきましょう。

学級の責任者は担任

　集団の意思決定の仕方には大きく分けて2つの方法があります。「トップダウン」と「ボトムアップ」です。ものすごく簡単に説明すれば、トップダウンは、リーダーだけの考えで意思決定をする方式であり、学級に当てはめると担任が「こうしましょう」と指示を出す方法となります。対して、ボトムアップは行動するメンバー自身の意見をもとにして意思決定する方式であり、学級に当てはめると生徒の意見をもとにしてどうするかを決める方法となります。

　ここまでこの本を読み進めてきてくださった皆さんは「この本ではボトムアップが大切だと言っている」と思われているかもしれませんが、そういうわけではありません。2つの方法がある場合に考えるべきなのは「どちらがよいか」ではなくて、「どのように使い分けるか」だと思っています。トップダウンもボトムアップもどちらも大切です。

　たとえば、私は日記を書かせることについては生徒に意見を聞きません。私が大切だと思っていることなので「日記を書きましょう」と決めてしまいます。教師がやった方がいいと判断していることについては、教師がやることを決めてしまってよいと思っています。また、生徒に意見を聞いてもあまり意味がないと判断した場合もこちらが決めてしまいます。私にとっては日直の仕事がこれに当たるので、「日直の仕事は日誌の記入です」と私が決めています。ただし、このような場合でも「なぜそうするのか」を伝えることを忘れてはなりません。目的やねらいを理解させていなければ、納得できずに動かない生徒が出てくる可能性があるからです。トップダウンには目的やねらいの説明が必須です。

　対して、ボトムアップは生徒の意見をもとにするため、意欲を高めやすいというよさがあります。ただし、注意が必要な点もあります。それは、最終の決定権は教師が握っておくことです。あくまでもメンバー自身の意見は参考にするけれど、「じゃあそれでやりましょう」と決定するのは教師であるべきです。生徒に話し合わせたことに教師が従うわけではありません。生徒だけではあらぬ方向に話が進んでしまうこともあるので、教師が必要に応じて意見を出すことも必要です。

　ただ、生徒が考え出した意見に対してうまくいかないビジョンが見えたとして
も、あえてやらせてみるのも一つの方法です。そのときに「これで１回やってみ
ようか」と言っておけば、このままではうまくいかないと気づいたときに、すん
なりとやり直しに向かうはずです。失敗させないことではなく、失敗から立ち直
る経験も大切な学びです。

どんな方法であっても教師が主導権をもつ

ことは大切です。私の知る現場では、トップダウンの意思決定が多いと感じてい
ます。しかし、だからといって生徒が決めたことに委ねるといった間違ったボト
ムアップの意思決定をとってはいけません。学級という集団の責任者は教師です。
やらせることは「やりましょう」と言い、生徒に話し合わせても教師が最終の決
定を行っていきましょう。

部活を辞めたときに
生徒に何が残っているか

　中学校の教員にとって大きな仕事の一つが部活動です。平日の放課後や休日の指導は大変な負担であり、教員の働き方を改革するために外部委託の動きも起きています。しかし、部活動に取り組む中で生徒たちが得るものが多いのもまた事実です。私自身も部活動で育ててもらった部分があると思っており、顧問を担当していただいた先生には感謝の念をもっています。実際、私はサッカー部の顧問の先生に憧れ、中学校教員の道を志すようになりました。

　しかし、実際に私が中学校の教員になって担当してきた競技はソフトテニスです。自分の専門であるサッカーを担当したことは一度もありません。専門外を担当することに最初は意気消沈しました。しかし、今ではそれがかえってよかったと感じています。専門的な指導ができないがゆえに、勝たせることだけに意識が向かなくなったからです。

　私が見てきた部活動の中には勝つことを目標にし過ぎたあまり、激しい練習や顧問の厳しい指導が行われ、意欲や主体性が失われていくこともありました。このような場合、大会等で勝ち進み、結果を残したとしても競技を辞めてしまったときに生徒には何が残るのだろうかと考えると、何も残らないのではないか、まして、最悪の場合は競技への嫌悪感が残ってしまうのではないかと思います。

　このようにならないためにも、大会の結果や競技の上達に目を向けるのではなく、その競技に取り組み、大会等に出場する経験を通して、生徒にどのような力をつけたのかを意識することが大切でしょう。

　私は練習メニューも練習試合の相手も生徒に相談しながら決めることが多いです。「今自分たちの課題は何だと思う？」「どこと練習試合がしたい？　それはなぜ？」このように生徒たちに尋ねます。試合での指導についても、「今の場面どうすればよかったと思う？」「どうすればやりたいことができるようになるかな？」と問うことも多いです。教えることももちろん大切ですが、自分たちで考え、試行錯誤することに大きな意味があると思っているからです。

　また、私は人間性に関わる内容も意識的にほめるようにしています。たとえば、

「前に比べて前向きな声かけが増えてきたね」「今日はミスを恐れずに思い切って
プレーできたね」「状況を考えて落ち着いたプレーができたおかげでよい結果が
得られたね」といった言葉かけです。スポーツにおいて、引っ込み思案な生徒は
ミスを恐れて安全なプレーをすることが多く、わがままな生徒はプレーも自己中
心的である傾向にあります。選手の人間性がプレーに表れることが多々あります。
だからこそ、プレーにおいて人間性の変容が見えたときにはほめることが大事で
す。当然、プレーの質についてもほめることがあります。しかし、この場合にお
いても、「練習でやってきたことができるようになったね」「今まで課題だった部
分がよくなった」など、プレーの上達だけでなくそこまでの努力や精神的な成長
を価値づけるとよいでしょう。人としての変容や成長はプレーの質が向上するこ
とよりも人生においては大きな意義があることだと思います。

主体性を大切に、生徒の人間性を育てること

　これが部活動の目的です。私が担当する部活は練習が休みになると残念がりま
す。生徒の主体性が失われていない一つの基準だと思います。今までも大切にさ
れてきた礼儀やマナー、連帯感などに加え、もっと生徒一人ひとりの人間性を高
めていきたいと思っています。

第四章　一人ひとりを満たすための集団へのアプローチ

125

Column

コーチング

　私はサッカー部の顧問になりたいという思いから中学校の教員を目指しました。初めて赴任した学校はサッカー部がなく、サッカー部の顧問をもつことはなかったのですが、いつかはサッカー部の顧問になるだろうと思って参加した指導者講習会で出会ったのが「コーチング」でした。

　コーチングは、相手から引き出すことを大切にしており、特に、重要視されるのが引き出すための「質問」のスキルです。一般的な質問が情報収集などを目的にしているのに対し、コーチングで使われる質問は相手の考えを整理させたり、新たな気づきをもたらすことをねらいとします。

　たとえば、次のような質問があります。

① 1年後の自分がどうなっていればうれしいですか？

② 時間の制約がないとしたら何がしたいですか？

③ 今の自分の生活は100点満点中何点ですか？

④ 目標達成したときはどんな気持ちになると思いますか？

　これらは教育相談などで生徒にも使えそうな質問ではないでしょうか。まだまだたくさんの質問の方法がありますので、興味があればコーチングについて調べてみてください。1冊挙げるなら、津村柾広氏の『スクールメンタルコーチ直伝思春期コーチング：先生のための言葉かけメソッド』明治図書出版（2019）がおすすめです。

おわりに

「この春から名古屋の大学に通います」

「就職しました」

　かつての教え子から連絡をもらうことがあります。嬉しい瞬間の一つです。先日、教え子の一人から「教育実習に行っています」という連絡がきました。その中には「生徒とうまくしゃべれません。中学生って難しいですね」という言葉がありました。やはり、中学生との関わり方に悩むものなんだなと感じました。

　この原稿を書いている現在も、日々どのように生徒に関わっていくか、どのように学級をつくっていくかについて私も悩んでいます。そして、これからもきっと悩み続けると思います。教員人生を続けていく中で、悩みながら考えが変化していくとは思いますが、今の自分の考えを精一杯まとめたものが本書です。本書を手に取っていただいた先生方、特に、私の教え子と同じように中学生への関わり方について悩みをもっている若手の先生方、もしくは先生を目指している方にとって、少しでも何かお役に立てればとても嬉しいです。

　本書の出版にあたりまして、お世話になってきた方々にこの場を借りて感謝申し上げます。

　まず、本書の執筆のきっかけを与えてくださった和歌山信愛大学小林康宏先生。数年前に「きのくに国語の会」の学習会に参加したときに出会ってから、ずっとお世話になっております。年に数回授業を参観していただき、国語の授業づくりについてだけでなく、学級の雰囲気にも触れ、様々なことを教えていただきました。心より感謝申し上げます。

　また、今までに出会ったたくさんの先生方から多くのことを学ばせてもらいました。

　初任時代は和歌山大学教職大学院の初任者プログラムに参加し、大学院の先生方には教師としての基礎をつくっていただいただけでなく、様々な相談にのっていただきました。先生方のおかげで学び続ける教師として教師生活をスタートさせることができました。本当にありがとうございました。

そして、今まで一緒に勤務した同僚の先生方、サークルの仲間たち。生徒にとって何が幸せか、どんな関わり方がよいのか、たくさん語り合ってきたからこそ、自分の考えが形成されてきました。今後もたくさん語りましょう。よろしくお願いします。

　最後に、東洋館出版社の北山俊臣さん。初めて執筆する私に寄り添い、「最高の1冊を読者の皆様に届けましょう」と温かい励ましの言葉をかけてくださいました。ご多忙の中、本書刊行のために尽力してくださったこと、感謝の気持ちでいっぱいです。北山さんに担当していただけてよかったです。

　そして、書き終えた今、「生徒に成長させてもらってきたな」「生徒に助けられてきたな」と改めて感じています。初任のころ、一人の生徒に「俺らのおかげで成長したな」と言われ、「何を偉そうに」と思ったことがありましたが、その言葉の通りでした。生徒に関わることで、私は生徒以上に満たされてきたのかもしれません。もっと生徒によい関わりをしていきたい。もっと満たしてやりたい。その思いが強くなりました。これまで関わってきた生徒たちへの感謝を忘れずに、これから関わる生徒との出会いを大切に、これからも生徒が満たされる学級をつくっていきたいと思います。本書をお読みになった先生方の目の前の生徒も、そして先生方自身も満たされることを心の底から願っています。

北村　凌

【参考文献】

諸富祥彦/浅井好編著（2005）『カウンセリングテクニックで極める教師の技　第４巻　学級づくりを極める40のコツ』教育開発研究所

鹿嶋真弓/吉本恭子編著（2015）『中学校　学級経営ハンドブック　学級環境づくり・仲間づくり・キャリアづくり』図書文化社

河村茂雄（2014）『「みんながリーダー」の学級集団づくり！学級リーダー育成のゼロ段階』図書文化社

糸井登/池田修（2014）『「明日の教室」発！子どもの力を引き出す魔法の学級経営伝説の教師　鈴木惠子』学事出版

宮澤悠維（2022）『学級経営の心得』学事出版

加固希支男（2020）『学級経営OVER35　ポスト若手時代を逞しく生き抜くための心得』明治図書出版

盛山隆雄（2021）『クラスづくりで大切にしたいこと』東洋館出版社

上條大志（2022）『つながりをつくる10のしかけ』東洋館出版社

園田雅春（2013）『自尊感情を高める学級づくりと授業』雲母書房

赤坂真二編著（2015）『学級を最高のチームにする極意　思春期の子どもとつながる学級集団づくり』明治図書出版

赤坂真二編著（2015）『学級を最高のチームにする極意　気になる子を伸ばす指導　成功する教師の考え方とワザ　中学校編』明治図書出版

赤坂真二編著（2016）『学級を最高のチームにする極意　信頼感で子どもとつながる学級づくり　協働を引き出す教師のリーダーシップ　中学校編』明治図書出版

赤坂真二（2019）『アドラー心理学で変わる学級経営　勇気づけのクラスづくり』明治図書出版

土井高徳（2018）『５つの問題行動別「手に負えない思春期の子」への関わり方』小学館

沼田晶弘（2022）『もう「反抗期」で悩まない！親も子どももラクになる"ぬまっち流"思考法』集英社

赤坂真二（2005）『小学校高学年女子の指導　困ったときの処方箋』学陽書房

クリスィー・ロマノ・アラビト著、古賀洋一/山﨑めぐみ/吉田新一郎訳『静かな子どもも大切にする　内向的な人の最高の力を引き出す』新評論

有川宏幸（2020）『教室の中の応用行動分析学　その「行動」には理由（わけ）がある』明治図書出版

津村柾広（2019）『スクールメンタルコーチ直伝　思春期コーチング　先生のための言葉かけメソッド』明治図書出版

吉田順（2017）『子育て・生徒指導・学級経営に欠かせない　子どもが成長するということの真相』民衆社

長谷川博之（2013）『中学校を「荒れ」から立て直す！』学芸みらい社

武田鉄郎編著（2017）『発達障害の子どもの「できる」を増やす　提案・交渉型アプローチ』学研プラス

武富健治（2006〜2011）『鈴木先生』双葉社

著者紹介

北村凌

1993年、和歌山県和歌山市生まれ。2015年和歌山大学卒業。
和歌山県公立中学校勤務9年目。初任者時代に和歌山大学教職大学院の「初任者研修履修証明プログラム」に参加し、学び続ける教師の土台を築く。その後も様々なセミナーや書籍を通じて学びつつ、自身でもサークル活動を行って研鑽を重ねている。「その生徒にとって必要な成長とは何か」がモットー。
雑誌原稿の他、国語科の授業に関する論文を複数執筆。
わかやま子ども学総合研究センター特別研究会員。日本国語教育学会会員。

中学校　生徒とつながる
学級経営のはじめ方

2024（令和6）年2月15日　初版第1刷発行

著　者：北村　凌
発行者：錦織　圭之介
発行所：株式会社　東洋館出版社
　　　　〒101-0054　東京都千代田区神田錦町2-9-1
　　　　　　　　　　コンフォール安田ビル2階
　　　　代　表　TEL 03-6778-4343　FAX 03-5281-8091
　　　　営業部　TEL 03-6778-7278　FAX 03-5281-8092
　　　　振　替　00180-7-96823
　　　　Ｕ Ｒ Ｌ　https://www.toyokan.co.jp

［装　丁］happeace　沢田幸平
［イラスト］スタジオパペル　岡村亮太
［組　版］株式会社 明昌堂
［印刷・製本］株式会社シナノ

ISBN978-4-491-05096-6　　　　　　　　　Printed in Japan